Découvrir et maîtriser l'IA (l'intelligence artificielle)

Guide des outils IA pour débutants
Guide N°1

Edition 2026
Contenu mis à jour

COLLECTION
L'IA pour tous : s'adapter ou disparaitre ?
La collection de guides de référence
pour comprendre et utiliser l'IA

E. RIVIER & M. MUNDEL

Mentions Légales

Titre du livre : Découvrir et maîtriser l'IA (l'intelligence artificielle)
Auteur : Emmanuel RIVIER
Autrice : Michèle MUNDEL

Code ISBN : 9798309194780
Marque éditoriale : Independant published

Chère lectrice, cher lecteur,

Bienvenue dans cette collection de guides sur l'IA :

"L'IA pour tous : s'adapter ou disparaître ?
La collection de guides de référence pour comprendre et utiliser l'IA".

Cette série de guides est conçue pour vous accompagner pas à pas dans la découverte et l'adoption de l'intelligence artificielle (IA) dans divers aspects de votre vie quotidienne et professionnelle.

L'IA est devenue une composante incontournable de notre société, transformant nos modes de vie, de travail et d'apprentissage. Ce qui relevait hier de la science-fiction est aujourd'hui une réalité quotidienne. Par exemple, les véhicules autonomes, autrefois imaginés dans des œuvres de fiction, circulent désormais sur les routes de certains pays, comme en Chine ou aux États-Unis.

Cependant, face à cette révolution technologique rapide, il est naturel de se sentir dépassé ou hésitant. C'est pourquoi nous avons élaboré ces guides pratiques, clairs et accessibles, afin de démystifier l'IA et de vous fournir les clés pour comprendre et intégrer ces technologies dans votre quotidien. Conscients de la rapidité des évolutions dans ce domaine, cette collection sera régulièrement mise à jour afin d'intégrer les dernières nouveautés et découvertes.

Chaque guide aborde un thème spécifique, avec des explications simples, des exemples concrets et des conseils pratiques. Notre objectif est de rendre l'IA compréhensible et utile pour tous, indépendamment de votre niveau de connaissance technique.

En parcourant cette collection, vous découvrirez comment l'IA peut simplifier votre vie, booster votre carrière, protéger vos données ou encore enrichir votre créativité. Nous espérons que ces guides vous inspireront et vous aideront à naviguer sereinement dans cette nouvelle ère numérique.

Alors, l'intelligence artificielle va-t-elle modifier votre vie quotidienne ?

TABLE DES MATIERES

Avant-propos

Pourquoi une édition 2026 ?

L'intelligence artificielle évolue rapidement. En quelques années, elle est passée du statut de technologie émergente à celui d'outil déjà présent dans de nombreux aspects de notre quotidien : téléphones, applications, organisation personnelle, apprentissage, travail ou loisirs.

Lorsque la première édition de ce guide a été publiée, l'objectif était clair : **rendre l'intelligence artificielle compréhensible, accessible et utile au plus grand nombre**, sans jargon technique ni promesses excessives. Cet objectif demeure inchangé. En revanche, le contexte a évolué.

Aujourd'hui, la question n'est plus de savoir *si* l'IA va influencer notre quotidien, mais **comment l'utiliser concrètement, sereinement et avec discernement**. Les usages se sont installés, certains outils ont gagné en maturité, et les attentes des lecteurs sont devenues plus pragmatiques.

Cette **édition 2026** s'inscrit dans cette continuité. Elle ne propose pas une rupture, mais une **mise à jour réfléchie et responsable**. Chaque chapitre a été relu pour mieux correspondre aux usages actuels de l'IA, en privilégiant une approche réaliste, progressive et durable. Des exemples ont été ajustés, certaines formulations rééquilibrées, afin de rester fidèles à une vision honnête de ces technologies.

Ce livre ne cherche pas à suivre les effets de mode. Il propose au contraire des **repères stables**, capables de rester pertinents malgré l'évolution rapide des outils. L'intelligence artificielle y est présentée comme un **outil d'accompagnement**, à intégrer à son rythme, selon ses besoins, sans jamais remplacer le jugement humain.

Cette édition s'adresse aussi bien à celles et ceux qui découvrent l'IA qu'à ceux qui l'utilisent déjà, mais souhaitent **prendre du recul**, mieux comprendre les enjeux et conserver la maîtrise de leurs usages.

Introduction

L'IA : une révolution discrète mais incontournable

L'intelligence artificielle s'est installée durablement dans notre quotidien, souvent sans que nous en ayons pleinement conscience. Elle simplifie certaines tâches, optimise notre temps et personnalise nos usages. Des assistants vocaux aux recommandations de films, en passant par les itinéraires optimisés ou les suggestions d'achats, l'IA est déjà présente dans de nombreuses situations courantes. Pourtant, elle reste parfois mal comprise ou source d'interrogations. Ce guide a pour objectif de vous montrer comment elle peut réellement vous être utile, simplement et sans complexité inutile.

Pourquoi s'intéresser à l'IA aujourd'hui ?

Nous vivons dans un monde où le temps est devenu une ressource précieuse. Entre vie professionnelle, obligations personnelles et moments de détente, il devient essentiel de mieux s'organiser. L'intelligence artificielle propose justement des solutions pour simplifier certaines tâches du quotidien :

✅ **Gagner du temps** en automatisant certaines tâches.

✅ **Faciliter la prise de décision** grâce à des recommandations intelligentes.

✅ **Réduire la charge mentale** en organisant efficacement nos journées.

Et surtout, **elle n'est plus réservée aux experts**. Accessible à tous, elle transforme déjà nos modes de vie de façon fluide et intuitive.

Une technologie au service de chacun

Contrairement aux idées reçues, **l'IA n'est pas compliquée à utiliser**. Elle s'adapte à vos besoins et fonctionne en arrière-plan, **sans nécessiter de compétences techniques avancées**.

☞ *Exemple concret : planifier un voyage*
• Comparer rapidement plusieurs options de vols et d'hébergements.
• Obtenir des suggestions d'activités adaptées à vos préférences.
• Anticiper les conditions météo pour choisir les dates les plus appropriées.

Autrefois chronophage, cette organisation peut aujourd'hui être largement simplifiée grâce à l'assistance de l'IA.

Ce que vous allez découvrir dans ce guide

◆ Des repères clairs pour comprendre l'essentiel de l'intelligence artificielle.
◆ Des exemples concrets d'usages dans la vie quotidienne.
◆ Des outils simples et accessibles pour gagner du temps.
◆ Une approche progressive pour adopter ces solutions à votre rythme.

Chaque chapitre explorera un domaine spécifique :
⌂ **La maison connectée** pour un confort optimisé.
☐ **Le bien-être personnel** grâce aux applications intelligentes.
☐ **La gestion du temps** avec des assistants numériques.
🎭 **Les loisirs et divertissements** améliorés par l'IA.
Vous apprendrez **non seulement à utiliser ces outils, mais aussi à en comprendre les bénéfices et les limites**.

Une révolution accessible à tous

Loin des technologies rigides du passé, l'IA évolue avec vous :
✓ Elle **s'adapte à vos habitudes** pour une expérience personnalisée.
✓ Elle **automatise certaines tâches**, vous laissant plus de temps

pour l'essentiel.

✓ Elle est **souvent gratuite ou peu coûteuse**, ce qui la rend accessible à tous.

Exemple : Un assistant vocal comme Alexa ou Google Assistant peut mémoriser vos routines et vous proposer des rappels personnalisés, sans effort de votre part.

Votre temps est précieux : faites-en le meilleur usage

En intégrant ces solutions intelligentes à votre quotidien, vous pourrez **vous concentrer sur ce qui compte vraiment** :

✦ Passer plus de temps avec vos proches.

✦ Vous consacrer à vos passions.

✦ Gagner en sérénité en allégeant votre charge mentale.

Regard vers l'avenir

Enfin, ce guide vous invite à **réfléchir aux évolutions futures de l'IA :**

☐ **Comment utiliser ces technologies de manière responsable ?**

🔍 **Quels sont les défis éthiques à anticiper ?**

💡 **Quel sera l'impact de l'IA sur notre façon de vivre demain ?**

L'IA n'est pas là pour nous remplacer, mais pour **nous accompagner et enrichir nos vies.** Ce livre est une invitation à découvrir **cette révolution avec curiosité et enthousiasme.**

Bienvenue dans le monde de l'intelligence artificielle ! **Plongez dans ces pages et explorez comment elle peut simplifier votre quotidien.**

Chapitre 1 : Les bases de l'IA pour tous

Introduction

L'intelligence artificielle est désormais pleinement intégrée à notre quotidien, souvent sans que nous en ayons conscience. Des assistants vocaux aux recommandations en ligne, en passant par les applications de navigation, elle facilite de nombreuses tâches courantes. Pourtant, malgré cette présence constante, l'IA reste encore mal comprise par beaucoup.

Ce chapitre a pour objectif de démystifier cette technologie, d'en expliquer les principes essentiels et de montrer comment elle peut améliorer concrètement certaines situations de la vie quotidienne, sans entrer dans des détails techniques inutiles.

Nous explorerons trois aspects essentiels :
◆ **Comprendre ce que l'on appelle intelligence artificielle**
◆ **Identifier les grandes catégories d'IA**
◆ **Découvrir des applications concrètes dans la vie quotidienne**

En comprenant ces bases, vous serez mieux préparé à **tirer parti des opportunités offertes par l'IA** dans votre vie personnelle et professionnelle.

1. Qu'est-ce que l'intelligence artificielle ?

L'intelligence artificielle désigne des outils capables d'accomplir certaines tâches que l'on associait jusqu'ici à l'intelligence humaine, comme analyser des informations, proposer des solutions ou reconnaître des situations. Contrairement aux logiciels traditionnels, ces outils s'appuient sur l'analyse de données pour améliorer progressivement leurs résultats.

💡 *Exemple : Une application de navigation comme Google Maps utilise l'IA pour analyser en temps réel le trafic et suggérer le chemin le plus rapide.*

2. Une brève histoire de l'IA

L'idée de machines capables de "penser" remonte à plusieurs siècles, mais c'est dans les années 1950 que le concept moderne d'IA a émergé.

◈ 1950 : Alan Turing et le Test de Turing
Turing propose un test pour évaluer si une machine peut imiter une conversation humaine de manière indiscernable.

◈ 1956 : Naissance officielle de l'IA
John McCarthy popularise le terme "intelligence artificielle" lors d'une conférence qui marque le début des recherches dans ce domaine.

◈ Années 1980-2000 : Avancées et stagnations
Des périodes de progrès ("étés de l'IA") et de désillusions ("hivers de l'IA") se succèdent, freinées par des limitations techniques.

◈ Depuis 2010 : L'essor de l'IA moderne
Grâce à **la puissance des ordinateurs, l'essor du big data et des algorithmes avancés**, l'IA devient une réalité quotidienne, avec des avancées comme la reconnaissance vocale et les véhicules autonomes.

3. Les technologies clés de l'IA

L'IA repose sur plusieurs technologies qui lui permettent d'accomplir des tâches variées :

◆ Apprentissage automatique (Machine Learning)

Les systèmes analysent des milliers voire des millions de données pour **apprendre** et **s'améliorer sans intervention humaine directe**.

💡 *Exemple : Les plateformes de streaming (Netflix, Spotify) recommandent du contenu en fonction de vos préférences.*

◆ Réseaux neuronaux et Deep Learning

Inspirés du cerveau humain, ces modèles sont particulièrement efficaces pour **traiter des images, des sons ou des textes complexes**.

💡 *Exemple : La reconnaissance faciale utilisée dans les smartphones et caméras de sécurité.*

◆ Traitement du langage naturel (NLP)

L'IA comprend, analyse et génère du langage humain.

💡 *Exemple : Les assistants vocaux comme Siri ou Google Assistant qui répondent à vos questions.*

◆ Vision par ordinateur

Les machines "voient" et interprètent les images et vidéos.

💡 *Exemple : La détection automatique d'objets dans les véhicules autonomes.*

◆ Raisonnement automatique

L'IA tire des conclusions et prend des décisions en fonction des informations disponibles.

💡 *Exemple : Les chatbots qui résolvent des problèmes clients en simulant un raisonnement logique.*

Conclusion

L'intelligence artificielle est une **technologie en constante évolution**, dont l'impact **s'étend bien au-delà des laboratoires scientifiques**. Grâce aux progrès du **Machine Learning, du NLP et de la vision par ordinateur**, l'IA **transforme déjà notre quotidien** et continue d'évoluer vers des applications encore plus performantes et accessibles.

Dans les prochains chapitres, nous explorerons **comment ces avancées peuvent simplifier et enrichir notre vie quotidienne**, de la maison connectée à la gestion du temps, en passant par la santé et le bien-être.

🖋 **L'IA est une opportunité : à nous de l'apprivoiser pour en tirer le meilleur parti !**

Les différents types d'intelligence artificielle

L'intelligence artificielle **n'est pas une technologie unique**, mais un ensemble de systèmes aux capacités variées. Comprendre ces différences permet d'apprécier **les possibilités et les limites** de l'IA.

1. IA faible (ou IA spécialisée)

L'IA faible, aussi appelée **IA étroite**, est **la plus répandue aujourd'hui**. Elle est conçue pour **exécuter une tâche spécifique avec une grande efficacité**, mais elle est incapable d'en accomplir d'autres.

✓ **Exemples :**

- **Assistants vocaux** (Siri, Alexa, Google Assistant)
- **Systèmes de recommandation** (Netflix, Spotify, Amazon)
- **Reconnaissance faciale** dans les smartphones

- **Moteurs de recherche** comme Google

Bien qu'elle semble avancée, **l'IA faible n'a pas de compréhension générale du monde** et ne peut pas raisonner comme un humain.

2. IA forte (ou IA générale)

L'IA forte, encore appelée **Intelligence Artificielle Générale (IAG)**, désigne **un système capable d'apprendre et de raisonner comme un être humain**.

💡 **Caractéristiques théoriques :**
✔ Comprendre et appliquer des connaissances dans différents domaines
✔ Apprendre et s'adapter à de nouvelles situations **sans reprogrammation**
✔ Développer une véritable **compréhension du monde**

◆ **Où en est-on ?**
Pour l'instant, **aucune IA forte n'existe**. C'est un objectif ambitieux, qui soulève des **défis technologiques et éthiques**.

3. IA superintelligente

L'IA superintelligente est une **hypothèse futuriste** où l'intelligence artificielle dépasserait **largement** celle des humains **dans tous les domaines**.

◆ **Risques et opportunités :**

- 🚀 **Avancées scientifiques majeures** (médecine, énergie, espace...)
- ⚠ **Impact sur l'économie et l'emploi**
- **?** **Questions éthiques sur le contrôle et la sécurité**

Ce concept est souvent associé à la **singularité technologique**, un scénario où **l'IA évoluerait de façon autonome et exponentielle.**

4. IA réactive vs proactive

Une autre distinction importante concerne **la manière dont l'IA prend des décisions** :

◆ **IA réactive** :

- Réagit **uniquement aux situations actuelles,** sans mémoire.
- **Exemple :** Deep Blue, le programme qui a battu Garry Kasparov aux échecs.

◆ **IA proactive** :

- Apprend de l'expérience et **anticipe** les événements.
- **Exemple :** Un assistant vocal qui vous rappelle une tâche en fonction de vos habitudes.

<u>Comment l'IA simplifie votre quotidien</u>

L'intelligence artificielle **n'est pas qu'un concept futuriste** : elle **transforme déjà nos vies,** souvent sans que nous nous en rendions compte.

1. Automatisation des tâches répétitives

L'IA **gagne du temps et réduit le stress** en prenant en charge des tâches chronophages.

💼 **Au travail** :

- **Correction automatique** : Grammarly améliore grammaire et style en temps réel.
- **Gestion des e-mails** : Les assistants IA trient, classent et répondent aux messages automatiquement.

⊞ Organisation personnelle :

- **Planification intelligente** : Google Calendar propose des créneaux optimisés selon votre emploi du temps.
- **Rappels contextuels** : Siri ou Google Assistant vous rappellent une tâche selon l'heure ou la localisation.

🏠 À la maison :

- **Domotique** : Les thermostats intelligents **apprennent vos préférences** et ajustent la température automatiquement.
- **Courses optimisées** : Certains réfrigérateurs connectés suggèrent des listes de courses en fonction des stocks.

2. Expériences personnalisées

L'IA analyse nos habitudes pour **rendre nos expériences plus agréables et pertinentes.**

🎬 Divertissement :

- **Netflix et Spotify** créent des recommandations sur mesure.
- **YouTube ajuste son fil d'actualité** en fonction de vos préférences.

☐ Shopping :

- **Amazon recommande des produits** adaptés à vos habitudes d'achat.
- **Essayage virtuel** : Certaines apps permettent d'essayer des vêtements grâce à l'IA.

⤷ Santé et bien-être :

- **MyFitnessPal** adapte ses conseils nutritionnels en fonction de vos objectifs.
- **Applications de sommeil** analysent votre cycle et recommandent des ajustements.

Voici la version révisée et optimisée de votre texte sur **la prise de décision facilitée par l'IA et ses défis**, en respectant votre méthodologie :

L'IA au service de la prise de décision

L'intelligence artificielle ne se contente pas d'automatiser des tâches ou de personnaliser des expériences. **Elle est aussi un outil puissant pour prendre des décisions éclairées**, en analysant rapidement d'énormes volumes de données pour fournir **des recommandations pertinentes et adaptées.**

🔎 a) Voyager plus intelligemment

✈ Optimisation des prix

- Des outils comme **Hopper** ou **Skyscanner** analysent l'historique des prix pour prédire le meilleur moment pour réserver un vol.
- Vous évitez ainsi **les hausses imprévisibles** et économisez sur vos voyages.

☐ Planification simplifiée

- Google Trips ou TripIt regroupent **vos réservations (vols, hôtels, activités)** et proposent **des itinéraires optimisés.**

- L'IA ajuste vos trajets pour **minimiser les déplacements** et maximiser le temps sur place.

💰 b) Gérer ses finances avec plus de sérénité

💳 Budget maîtrisé

- Des apps comme **Mint** ou **YNAB (You Need a Budget)** analysent **vos dépenses**, repèrent **les catégories à surveiller** et suggèrent **des économies possibles.**

📈 Investissement intelligent

- Les **robo-advisors** comme **Betterment** ou **Wealthfront** utilisent l'IA pour **gérer vos placements automatiquement**, en fonction de votre **tolérance au risque et des tendances du marché.**

❤️🩹 c) Prendre soin de sa santé au quotidien

⏱ Suivi personnalisé

- **Apple Watch, Fitbit, Garmin** utilisent l'IA pour **analyser votre activité physique, votre sommeil et votre fréquence cardiaque.**
- Ces appareils détectent **les anomalies** et peuvent envoyer des alertes en cas de problème.

⊕ Consultation en ligne assistée

- Des applications comme **Ada Health** ou **Babylon Health** posent **des questions sur vos symptômes** et vous orientent vers **les soins adaptés.**

Une révolution accessible à tous

💡 L'IA **n'est plus réservée aux experts** : elle est déjà intégrée **dans nos smartphones, nos ordinateurs et nos objets connectés,** sans effort particulier.

🌿 a) Des outils abordables et intuitifs

💻 **Des solutions gratuites ou accessibles**

- **Assistants vocaux** (Alexa, Google Assistant) directement intégrés dans de nombreux appareils.
- **Applications IA utiles** comme **Grammarly** (correction orthographique) ou **Canva** (création graphique assistée).

⬜ **Interfaces simples et intuitives**

- **Chatbots et assistants** facilitent l'accès à l'information **sans jargon technique.**
- **Commandes vocales** pour interagir naturellement avec l'IA, sans besoin de formation.

Les défis et limites de l'IA

Malgré ses avantages, l'IA **soulève aussi des questions importantes** en matière d'éthique et d'impact sur notre quotidien.

🔒 a) Confidentialité et sécurité des données

❗ **L'IA repose sur la collecte de données :**

- Comment sont-elles utilisées ? **Sont-elles revendues ?**
- Sont-elles protégées contre **les cyberattaques** ?

◆ **Solutions :**

✓ Choisir des services respectant **les normes de protection des données (RGPD, chiffrement sécurisé).**

✓ Vérifier les **autorisations** accordées aux applications.

📈 b) Dépendance technologique et perte d'autonomie

☐ Si nous déléguons **trop de décisions à l'IA,** risquons-nous de perdre **nos capacités d'analyse et de réflexion ?**

◆ **Solution :**

✓ Utiliser l'IA comme **un soutien,** mais **garder un esprit critique** dans la prise de décision.

⚖☐ c) Biais algorithmiques et justice sociale

Les IA apprennent à partir de **données existantes,** qui peuvent contenir **des biais.**

🔆 **Exemples problématiques :**

- 🔍 **Recrutement** : une IA formée sur des CVs historiques peut **favoriser certains profils** au détriment d'autres.
- ☐ **Justice prédictive** : certaines IA utilisées par les tribunaux ont montré **des discriminations involontaires.**

◆ **Solutions :**

✓ **Tester et corriger les biais** lors du développement des algorithmes.

✓ **Diversifier les sources de données** pour plus d'équité.

Conclusion

L'intelligence artificielle **simplifie nos décisions, optimise nos tâches et personnalise nos expériences,** mais son utilisation doit être **réfléchie et responsable.**

💡 **À retenir :**

✓ L'IA **facilite la prise de décision** dans de **nombreux domaines (voyages, finances, santé…).**

✓ Elle est **accessible et intuitive**, mais demande **une vigilance sur la protection des données et les biais algorithmiques.**

✓ **Bien utilisée, elle devient un véritable allié du quotidien,** offrant **gain de temps et tranquillité d'esprit.**

🚀 **L'IA est un outil puissant : à nous de l'utiliser intelligemment !**

<u>Conclusion du chapitre</u>

Ce premier chapitre vous a permis de **comprendre les bases essentielles de l'intelligence artificielle**, ses **différents types**, ainsi que son **impact concret sur notre quotidien.**

Nous avons exploré :

✓ **Les catégories d'IA**, de l'IA faible qui alimente nos assistants vocaux, à l'IA forte encore hypothétique.

✓ **Ses applications pratiques**, comme la gestion des finances, la planification de voyages ou le suivi de santé.

✓ **Les défis à anticiper**, notamment sur la confidentialité des données et les biais algorithmiques.

L'IA n'est pas seulement une avancée technologique : c'est un véritable levier pour optimiser notre temps, améliorer nos décisions et simplifier notre quotidien.

Dans les prochains chapitres, nous verrons **comment intégrer ces outils intelligents dans différents aspects de votre vie** pour en tirer le meilleur parti.

🚀 **Vous êtes maintenant prêt à explorer un monde où l'IA devient une alliée puissante et accessible !**

Chapitre 2 : Les outils IA indispensables

Introduction

L'intelligence artificielle s'invite désormais pleinement dans notre quotidien, à travers des outils accessibles qui facilitent notre organisation, notre productivité et nos interactions. Ce qui pouvait encore sembler récent ou complexe il y a quelques années est aujourd'hui solidement intégré à nos smartphones, à nos applications et à de nombreux services en ligne.

Ces technologies ne sont pas de simples gadgets. Elles permettent de gagner du temps, d'alléger certaines tâches répétitives et de mieux structurer l'information. Qu'il s'agisse de planifier un emploi du temps, de clarifier une idée ou d'automatiser certaines actions, les outils d'IA sont devenus de véritables appuis du quotidien.

Pourquoi ces outils sont-ils indispensables ?

✅ **Les assistants vocaux** (Siri, Alexa, Google Assistant) transforment notre manière **d'interagir avec nos appareils**. Un simple ordre vocal permet **de chercher une information, gérer un agenda ou contrôler des objets connectés.**

✅ **Les chatbots et assistants textuels** (ChatGPT, Bard, Jasper) facilitent **la communication et la création de contenu**, offrant **des réponses précises, une aide à la rédaction et même des solutions aux problèmes complexes.**

✅ **Les applications de productivité** (Notion AI, Grammarly, Trello) intègrent l'IA pour **automatiser certaines tâches, optimiser l'organisation et améliorer la qualité du travail.**

Loin d'être réservées aux experts, ces solutions sont conçues pour tout le monde : étudiants, professionnels, entrepreneurs ou particuliers cherchant à **optimiser leur quotidien.**

Ce que vous allez apprendre dans ce chapitre

◆ **Explorer les assistants vocaux** : leurs fonctionnalités clés et comment ils facilitent les actions du quotidien.
◆ **Comprendre l'impact des chatbots et assistants textuels** : comment ils révolutionnent la communication et la création de contenu.
◆ **Découvrir les applications de productivité** : comment l'IA aide à mieux organiser, rédiger et automatiser des tâches.

À travers **des exemples concrets et des conseils pratiques**, vous apprendrez **à intégrer ces outils intelligemment** dans votre routine **pour gagner en efficacité et en sérénité.**

🖋 **Prêt à découvrir comment l'IA peut transformer votre façon de travailler, d'apprendre et de gérer votre temps ?** C'est parti !

Assistants vocaux : Siri, Alexa, Google Assistant, Perplexity AI et ChatGPT

Les assistants vocaux sont devenus **des alliés incontournables** du quotidien, facilitant l'accès à l'information et l'exécution de tâches en un simple **ordre vocal.** Que ce soit pour **gérer son emploi du temps, contrôler des appareils connectés ou obtenir des réponses rapides**, ces outils transforment notre façon d'interagir avec la technologie.

Dans cette section, nous allons explorer les **principaux assistants vocaux : Siri (Apple), Alexa (Amazon), Google Assistant, Perplexity AI et ChatGPT**, en détaillant **leurs fonctionnalités, leurs avantages et comment les intégrer efficacement dans votre quotidien.**

1. Qu'est-ce qu'un assistant vocal ?

Un **assistant vocal** est un logiciel utilisant la **reconnaissance vocale et l'intelligence artificielle** pour comprendre et exécuter des commandes orales. Il peut :

✓ **Répondre à des questions** et effectuer des recherches sur Internet.

✓ **Gérer des tâches quotidiennes** (rappels, alarmes, calendrier, météo).

✓ **Contrôler des objets connectés** (éclairage, chauffage, sécurité).

✓ **Automatiser des routines** pour optimiser l'organisation personnelle.

Ces assistants sont **intégrés dans divers appareils : smartphones, enceintes connectées, ordinateurs et objets domotiques.**

Aujourd'hui, ces assistants ne se limitent plus à exécuter des commandes isolées. Ils sont capables de dialoguer dans la durée, de reformuler une réponse si elle ne convient pas et d'affiner leurs propositions en fonction des échanges précédents. Cette évolution les rapproche d'un véritable assistant personnel, capable d'accompagner l'utilisateur pas à pas.

2. Comparatif des principaux assistants vocaux

Pour mieux comprendre quel assistant vocal pourrait être le plus adapté à vos besoins spécifiques, examinons quelques critères clés :

Comparaison des critères clés entre les différents assistants vocaux

- **Écosystème**
  - Siri : Apple
  - Alexa : Amazon
  - Google Assistant : Android/Google
  - Perplexity AI : Web-based
  - ChatGPT : Web-based
- **Commandes**
  - Siri : Commandes simples
  - Alexa : Skills personnalisables
  - Google Assistant : Intégration multi-app
  - Perplexity AI : Recherche contextuelle
  - ChatGPT : Génération textuelle
- **Précision**
  - Siri : Bonne
  - Alexa : Très bonne
  - Google Assistant : Excellente
  - Perplexity AI : Excellente
  - ChatGPT : Excellente
- **Contrôle domotique**
  - Siri : Oui
  - Alexa : Oui
  - Google Assistant : Oui
  - Perplexity AI : Non
  - ChatGPT : Non
- **Apprentissage**
  - Siri : Oui
  - Alexa : Oui
  - Google Assistant : Oui
  - Perplexity AI : Oui
  - ChatGPT : Oui
- **Langues supportées**
  - Siri : Principalement anglais
  - Alexa : Principalement anglais
  - Google Assistant : Multilingue
  - Perplexity AI : Principalement anglais
  - ChatGPT : Principalement anglais

Cette comparaison met en lumière non seulement les forces respectives mais aussi les limites potentielles de chaque assistant vocal. Selon vos besoins en matière d'écosystème technologique (Apple vs Android), ainsi que vos préférences concernant le contrôle domotique ou la recherche contextuelle avancée (comme c'est le cas avec Perplexity AI), vous pourrez faire un choix éclairé sur quel assistant adopter.

3. Zoom sur chaque assistant vocal

◆ a) Siri (Apple)

💡 Points forts :
✓ **Idéal pour l'écosystème Apple** (iPhone, Mac, HomePod).
✓ **Rappels intelligents** basés sur la localisation et les habitudes.
✓ **Contrôle domotique avec HomeKit.**

💬 Exemple d'utilisation : "Siri, rappelle-moi d'acheter du lait en arrivant au supermarché."

◆ b) Alexa (Amazon)

💡 Points forts :
✓ **Écosystème très large**, compatible avec de nombreux objets connectés.
✓ **Skills personnalisables** pour ajouter de nouvelles fonctionnalités.
✓ **Commande vocale pour acheter sur Amazon.**

💬 Exemple d'utilisation : "Alexa, allume les lumières du salon et joue ma playlist du matin."

◆ c) Google Assistant

💡 Points forts :
✓ **Recherche ultra-précise grâce à Google Search.**

✓ **Meilleure compréhension du langage naturel.**
✓ **Multilingue (comprend plusieurs langues à la fois).**

💬 **Exemple d'utilisation :** "Ok Google, quel est le restaurant le mieux noté à proximité ?"

◆ d) Perplexity AI

💡 **Points forts :**
✓ **Optimisé pour la recherche d'informations détaillées.**
✓ **Agrégation de sources fiables pour fournir des réponses précises.**
✓ **Idéal pour les recherches académiques et professionnelles.**

💬 **Exemple d'utilisation :** "Perplexity, donne-moi un résumé des dernières recherches sur l'énergie solaire."

◆ e) ChatGPT (OpenAI)

💡 **Points forts :**
✓ **Excellente capacité de génération de texte.**
✓ **Idéal pour rédiger, brainstormer ou obtenir des explications détaillées.**
✓ **Peut être intégré en assistant vocal pour des échanges fluides.**

💬 **Exemple d'utilisation :** "ChatGPT, peux-tu me donner un résumé de ce livre en 5 phrases ?"

4. Comment intégrer un assistant vocal dans votre quotidien ?

◆ 📌 **Configuration rapide**
1️⃣ **Choisir un assistant** en fonction de son écosystème (Apple, Amazon, Google).

2☐ **Télécharger l'application associée** et suivre les instructions de paramétrage.

3☐ **Personnaliser les réglages** (voix, langue, préférences).

◆ ▦ **Exemples d'utilisations pratiques**

✓ **Routine matinale** : Météo, actualités et agenda du jour.

✓ **Organisation** : Rappels et gestion du calendrier.

✓ **Divertissement** : Musique, podcasts et contrôle des enceintes connectées.

✓ **Maison connectée** : Allumer/éteindre les lumières, ajuster la température.

◆ 💡 **Astuces avancées**

✓ **Créer des routines automatisées** pour exécuter plusieurs actions en une seule commande.

✓ **Ajouter des skills (Alexa) ou des actions personnalisées (Google Assistant).**

✓ **Utiliser l'IA pour améliorer la productivité**, comme la prise de notes vocales.

5. Conclusion

Les assistants vocaux **simplifient l'accès à la technologie**, en rendant les tâches **plus intuitives et plus rapides**. Selon vos besoins :

✓ **Siri** conviendra aux utilisateurs Apple.

✓ **Alexa** est idéale pour une maison connectée.

✓ **Google Assistant** excelle dans la recherche et la gestion des tâches.

✓ **Perplexity AI** est parfait pour **obtenir des informations détaillées et fiables.**

✓ **ChatGPT** est un **assistant polyvalent** pour **rédaction et brainstorming**.

🐾 Les assistants vocaux comme Siri, Alexa, Google Assistant

ainsi que ceux proposés par Perplexity AI et ChatGPT représentent une avancée majeure dans l'intégration de l'intelligence artificielle dans notre quotidien. Grâce à leur capacité à comprendre le langage naturel et à exécuter une multitude de tâches par simple commande vocale, ces outils rendent la technologie plus accessible que jamais. En adoptant ces assistants dans votre vie quotidienne, vous pouvez non seulement gagner du temps mais aussi améliorer votre efficacité personnelle.

☞ Dans la prochaine section du chapitre 2, nous explorerons un autre aspect fascinant de l'IA avec les chatbots et assistants textuels tels que ChatGPT. Ces outils révolutionnent la manière dont nous interagissons avec la technologie en offrant une communication fluide et naturelle.

Chatbots et assistants textuels : L'ère de la communication intelligente

L'essor de l'intelligence artificielle a révolutionné notre manière d'interagir avec la technologie. **Les chatbots et assistants textuels** permettent aujourd'hui une communication **fluide, intuitive et instantanée** avec des systèmes automatisés.

Qu'ils soient intégrés à **des sites web, des applications de messagerie ou des plateformes de service client**, ces outils **répondent à nos questions, simplifient nos tâches et améliorent l'efficacité des entreprises**.

Dans cette section, nous allons explorer :
+ **Le fonctionnement des chatbots et leurs types**
+ **Les avantages et cas d'usage concrets**
+ **Les outils phares comme ChatGPT**
+ **Les défis et l'avenir de ces technologies**

1. Qu'est-ce qu'un chatbot ?

Un **chatbot** est un programme informatique conçu pour **simuler une conversation humaine**. Grâce aux avancées en **traitement du langage naturel (NLP)** et en **apprentissage automatique**, ces assistants **comprennent et répondent aux requêtes des utilisateurs de manière naturelle**.

Ils sont utilisés **dans de nombreux domaines : service client, commerce, éducation, santé, gestion du temps** et bien plus encore.

2. Types de chatbots

Il existe **deux grandes catégories** de chatbots :

◆ a) Chatbots basés sur des règles

✓ Fonctionnent avec **un ensemble de scénarios prédéfinis**.
✓ **Limités** dans leur compréhension du langage naturel.
✓ Répondent uniquement à des **questions spécifiques** (exemple : FAQ sur un site e-commerce).

💬 **Exemple :** "Quels sont vos horaires d'ouverture ?" – Le chatbot fournit une réponse fixe.

◆ b) Chatbots basés sur l'IA

✓ Utilisent l'apprentissage automatique pour comprendre le contexte et ajuster leurs réponses.
✓ S'appuient sur des mécanismes de reformulation et de correction pour améliorer progressivement la qualité des échanges.
✓ Offrent des conversations plus naturelles, capables d'évoluer au fil du dialogue.

💬 **Exemple :** "Peux-tu me recommander un téléphone adapté à mes besoins ?" – Le chatbot analyse **vos préférences et suggère des options adaptées**.

3. Les avantages des chatbots

Les chatbots offrent **de nombreux bénéfices** pour les entreprises et les utilisateurs :

✅ **Réponses instantanées et disponibilité 24/7**

- Plus besoin d'attendre un conseiller humain pour obtenir une information.

✅ **Amélioration du service client**

- Capables de traiter **un grand volume de demandes** en simultané.

✅ **Réduction des coûts**

- Automatisent **les tâches répétitives**, permettant aux entreprises **d'économiser sur le support client**.

✅ **Personnalisation et apprentissage**

- Certains chatbots **s'adaptent aux préférences des utilisateurs** et affinent leurs recommandations.

✅ **Collecte et analyse de données**

- Les conversations permettent d'**identifier les besoins des clients** et d'optimiser l'offre.

4. ChatGPT : Un chatbot avancé

◆ a) Fonctionnalités clés de ChatGPT

💡 **ChatGPT (développé par OpenAI)** est un assistant **capable de comprendre et de générer du texte naturel**, basé sur **un puissant modèle d'IA conversationnelle**.

✓ **Compréhension contextuelle avancée**
✓ **Réponses fluides et adaptées**
✓ **Applications variées** : support client, rédaction, brainstorming, éducation

● **Exemple :** "Aide-moi à rédiger une lettre de motivation." – ChatGPT propose une structure et un texte personnalisé.

5. Applications concrètes des chatbots

◆ a) Service client et e-commerce

✓ Répondent aux **questions fréquentes** (commandes, paiements, retours).
✓ **Guident les utilisateurs** vers le bon produit ou service.
✓ **Automatisent la prise de rendez-vous.**

● **Exemple : - Sephora** : Le chatbot de Sephora, disponible sur Facebook Messenger et le site web, est un exemple marquant de réussite. Avec plus de 2 millions d'utilisateurs actifs par mois, il a permis une augmentation de 14 % des ventes en ligne et une réduction de 20 % des appels au service client. Il aide les clients à trouver des produits, à obtenir des recommandations personnalisées et à poser des questions fréquentes. Le taux de satisfaction client atteint 95 %, ce qui montre l'efficacité du chatbot pour améliorer l'expérience utilisateur et fidéliser les clients.

◆ b) Éducation et apprentissage

✓ Fournissent **une assistance aux étudiants** (tutorat, explication de concepts).
✓ Offrent **un accès rapide aux ressources pédagogiques**.

● **Exemple : Une école secondaire a intégré ChatGPT** dans ses cours de mathématiques pour aider les élèves à comprendre des concepts complexes. Après un semestre, le taux de réussite aux examens a augmenté de 20 %, et les étudiants ont exprimé une plus grande confiance dans leurs compétences en résolution de problèmes. ChatGPT a permis aux enseignants de personnaliser leur approche pédagogique en fournissant des explications adaptées aux besoins individuels des élèves.

◆ **c) Santé et bien-être**

✓ **Analyse des symptômes et tri médical.**
✓ **Suivi des traitements** après une intervention.

● **Exemple : Florence :** Ce chatbot médical disponible sur Facebook Messenger agit comme une "infirmière personnelle". Il envoie des rappels aux patients pour prendre leurs médicaments, surveille leurs symptômes et fournit des instructions claires sur le dosage. Florence améliore l'adhésion aux traitements médicaux, ce qui contribue à de meilleurs résultats en matière de santé pour les patients.

6. Défis et limites des chatbots

Bien que les chatbots soient **de plus en plus performants**, ils présentent encore certaines **limitations** :

📟 **Compréhension limitée**

- Certains chatbots peuvent **mal interpréter des phrases complexes.**

📟 **Manque d'empathie**

- Contrairement à un humain, un chatbot **ne perçoit pas les émotions.**

📟 **Dépendance technologique**

- Une utilisation excessive pourrait **réduire les interactions humaines**, notamment dans le service client.

7. L'avenir des chatbots et assistants textuels

🚀 **Intelligence prédictive et adaptation contextuelle**

- Les futurs chatbots **anticiperont** les besoins des utilisateurs **avant même qu'ils ne posent une question.**

🚀 **Intégration omnicanale**

- Interaction fluide entre **messageries, sites web et objets connectés.**

🚀 **Personnalisation avancée**

- L'IA sera capable de **mémoriser les préférences des utilisateurs** et de proposer **des réponses ultra-ciblées.**

8. Conclusion

Les chatbots et assistants textuels **révolutionnent notre manière d'interagir avec la technologie**, en offrant **des échanges naturels et instantanés.**

✓ **Ils améliorent le service client** et **automatisent des tâches chronophages.**
✓ **Ils s'adaptent à de nombreux secteurs** (e-commerce, éducation, santé, finance).
✓ **Leur intelligence et leurs capacités continueront d'évoluer** grâce aux avancées de l'IA.

Applications de productivité basées sur l'IA

L'intelligence artificielle **ne se limite plus aux assistants vocaux ou aux chatbots** : elle transforme aussi **notre façon de travailler, de nous organiser et de collaborer.**

Les applications de productivité basées sur l'IA **nous aident à mieux gérer notre temps, automatiser nos tâches et optimiser notre efficacité.** Elles sont devenues **indispensables**, tant dans un cadre personnel que professionnel.

Dans cette section, nous allons explorer :
- **Qu'est-ce qu'une application IA de productivité ?**
- **Les outils les plus performants et leurs cas d'utilisation**
- **Les bénéfices concrets pour les utilisateurs**

1. Qu'est-ce qu'une application de productivité basée sur l'IA ?

Ces outils utilisent **des algorithmes avancés** pour :
✓ **Analyser vos habitudes** et proposer des optimisations.
✓ **Automatiser des tâches chronophages** (gestion du temps, rédaction, planification).
✓ **S'adapter en temps réel** pour améliorer l'organisation.

Leur but ? **Gagner du temps, réduire le stress et améliorer la qualité du travail.**

En 2025, ces applications ne se contentent plus d'exécuter des actions. Elles participent activement à l'organisation, en proposant des priorités, en reformulant des tâches et en aidant à clarifier des décisions. L'IA devient ainsi un soutien à la réflexion, et non un simple outil d'automatisation.

2. Les catégories d'applications IA de productivité

◆ a) Gestion du temps et organisation

☐ Google Calendar + IA
✓ Suggère des créneaux optimaux pour vos réunions.
✓ Envoie des rappels intelligents adaptés à votre emploi du temps.

☐ Motion
✓ Planifie automatiquement votre journée en fonction de vos priorités.
✓ Réorganise votre agenda en cas d'imprévu.

▦ Clockwise
✓ Optimise les réunions pour **éviter les interruptions** et préserver du temps de concentration ("focus time").

◆ b) Rédaction et création de contenu

✍ Grammarly
✓ Corrige grammaire, style et clarté en temps réel.
✓ Analyse le ton du texte pour l'adapter au contexte.

📖 Jasper (ex-Jarvis)
✓ Génère des articles, descriptions et posts marketing en quelques secondes.

📝 Notion AI
✓ Résume automatiquement des notes.
✓ Génère des idées créatives pour vos projets.

◆ c) Collaboration en équipe

● Slack + IA
✓ Automatise les mises à jour d'équipe et le suivi des projets.

☐ **Microsoft Teams + Viva Insights**
✔ Analyse les habitudes de travail et propose des améliorations pour réduire la fatigue numérique.

📌 **Trello + Butler (IA intégrée)**
✔ Automatisme des tâches récurrentes pour un suivi efficace.

◆ **d) Automatisation avancée**

☐ **Zapier**
✔ Connecte différentes applications pour automatiser les flux de travail.
✔ Exemple : Enregistre automatiquement une tâche dans Trello lorsqu'un email est reçu.

▥ **Monday.com + IA intégrée**
✔ Analyse l'avancement des projets et prédit les éventuels retards.

3. Exemples concrets d'utilisation

✅ **Gestion personnelle**

- Motion **réorganise l'agenda** d'un entrepreneur en cas d'annulation de rendez-vous.
- Notion AI **résume automatiquement des cours** pour une étudiante en révision.

✅ **Collaboration professionnelle**

- Une startup utilise Slack + IA pour **suivre l'avancement des projets** sans réunions inutiles.
- Une agence marketing s'appuie sur Grammarly pour **garantir une rédaction impeccable**.

✅ **Automatisation avancée**

- Une PME connecte son CRM à Zapier pour **automatiser l'envoi d'emails de bienvenue aux nouveaux clients**.

4. Les bénéfices clés

🖋 **Gain de temps** : Automatisation des tâches répétitives.
☐ **Amélioration de la qualité** : Contenus plus précis et mieux rédigés.
☐ **Collaboration simplifiée** : Moins de réunions, plus d'efficacité.
☞ **Personnalisation** : Outils qui s'adaptent aux habitudes des utilisateurs.
☺ **Réduction du stress** : Meilleure gestion du temps et des priorités.

Conclusion du chapitre 2 : L'impact des outils IA sur notre quotidien

Ce chapitre nous a permis d'explorer **trois types d'outils IA essentiels** :

1☐ **Les assistants vocaux** (Siri, Alexa, Google Assistant, Perplexity AI, ChatGPT).
2☐ **Les chatbots et assistants textuels**, qui **révolutionnent la communication**.
3☐ **Les applications de productivité**, qui **boostent l'efficacité** au travail et au quotidien.

1. Accessibilité croissante

◆ **Des outils simples et intuitifs** :

- L'IA devient **accessible à tous**, sans compétences techniques.

- **Exemple :** Google Assistant permet une interaction naturelle par la voix.

◆ **Des solutions adaptées à tous les profils :**

- **Particuliers** : Organisation du quotidien.
- **Entreprises** : Gain de temps et automatisation.

2. Des améliorations mesurables

📈 **Efficacité accrue :**

✓ **Automatisation des tâches répétitives** = gain de productivité.

✓ **Assistants IA disponibles 24/7** pour répondre aux besoins instantanés.

🎯 **Résultats concrets :**

✓ **Taux de conversion client amélioré** grâce aux chatbots.

✓ **Réduction du stress professionnel** via les calendriers intelligents.

3. Un avenir prometteur

L'IA continue d'évoluer rapidement, avec **des fonctionnalités toujours plus intelligentes et contextuelles :**

🗣 **Assistants vocaux plus proactifs :**

- Anticiper **les besoins des utilisateurs** avant même qu'ils ne posent une question.

☐ **Chatbots ultra-performants :**

- Capables **d'interagir naturellement et d'apprendre en continu.**

▦ **Automatisation avancée :**

- Intégration encore plus poussée avec **nos applications préférées**.

Chapitre 3 : L'IA dans votre maison

Introduction

L'intelligence artificielle ne se limite plus aux smartphones et aux assistants virtuels. Elle s'intègre progressivement dans nos foyers, à travers des équipements et des services conçus pour simplifier certaines tâches, améliorer le confort et renforcer la sécurité.

Grâce à l'IA, nos maisons évoluent vers des environnements plus connectés, capables d'adapter certains réglages, d'optimiser une partie de la consommation énergétique et d'améliorer les dispositifs de sécurité existants.

Ce chapitre explore trois domaines majeurs où **l'IA révolutionne nos espaces domestiques** :

✅ **La domotique intelligente** : automatisation et pilotage du chauffage, de l'éclairage et de certains équipements connectés.
✅ **Les appareils électroménagers intelligents** : réfrigérateurs, lave-linge et autres appareils capables d'adapter leur fonctionnement.
✅ **Les systèmes de sécurité et de surveillance** : caméras intelligentes, serrures connectées et détection de mouvements assistée par l'IA.

L'IA au service de la maison intelligente

☐ Un confort optimisé

L'IA permet une **gestion automatisée et adaptative** du logement. Imaginez une maison qui :

✓ Ajuste **la température et l'éclairage** selon votre emploi du temps.

✓ Prépare **votre retour du travail** en activant vos préférences personnelles.

⚡ **Une consommation énergétique réduite**
Des **systèmes intelligents analysent vos habitudes** et optimisent votre consommation, réduisant **les factures d'électricité et d'eau.**

👀 **Une sécurité renforcée**
Les **systèmes de surveillance intelligents** identifient **les vraies menaces** et alertent en temps réel, évitant **les fausses alarmes** et améliorant **la tranquillité d'esprit.**

Ce que vous allez apprendre dans ce chapitre

◆ **Domotique intelligente** : Comment l'IA automatise et optimise l'éclairage, le chauffage et la gestion des appareils connectés.
◆ **Électroménagers connectés** : De la gestion des stocks alimentaires aux cycles de lavage intelligents, découvrez comment ces outils facilitent le quotidien.
◆ **Sécurité et surveillance** : Comment l'IA améliore la protection de votre domicile grâce aux caméras intelligentes et aux serrures connectées.

☞ **Que vous découvriez la maison intelligente ou souhaitiez optimiser un système existant**, ce chapitre vous donnera **les clés pour intégrer l'IA de façon efficace et sécurisée.**

🚀 **Préparez-vous à transformer votre maison en un assistant intelligent, capable d'anticiper vos besoins et d'améliorer votre qualité de vie !**

Domotique intelligente : Quand l'IA transforme nos maisons

L'intelligence artificielle révolutionne nos foyers en automatisant et optimisant de nombreux aspects du quotidien. Lumières, chauffage, climatisation, volets : la domotique intelligente apprend de nos habitudes pour améliorer notre confort tout en réduisant notre consommation énergétique.

1. Les bases de la domotique intelligente

La domotique repose sur trois éléments clés :
✅ **Les capteurs** recueillent des données (température, luminosité, présence).
✅ **Les contrôleurs** analysent ces informations et prennent des décisions.
✅ **Les actionneurs** exécutent les ordres (allumer une lumière, ajuster un thermostat).

L'IA optimise ce processus en anticipant nos besoins et en ajustant les paramètres en temps réel.

2. Applications concrètes

◆ **Éclairage intelligent**

- Adaptation automatique à la lumière naturelle et aux moments de la journée.
- Personnalisation selon les activités (lecture, détente, travail).
- Détection de présence pour éviter le gaspillage d'énergie.

Exemple : Philips Hue ajuste l'intensité lumineuse pour simuler un lever de soleil et faciliter le réveil.

◆ **Chauffage et climatisation intelligents**

- Apprentissage des préférences pour ajuster la température idéale.
- Optimisation en fonction de la météo et de la présence des occupants.
- Réduction des dépenses énergétiques.

Exemple : Le thermostat Nest Learning adapte le chauffage en fonction des habitudes et anticipe le retour à la maison.

◆ Gestion des stores et volets

- Réglage automatique selon la position du soleil.
- Fermeture en cas de chaleur excessive ou de tempête.
- Simulation de présence en cas d'absence.

Exemple : Somfy automatise les stores pour optimiser l'éclairage naturel et la température intérieure.

3. Centralisation et automatisation

L'un des défis majeurs est l'intégration de divers appareils dans un même système. Des plateformes comme **Google Home, Apple HomeKit et Amazon Alexa** facilitent cette centralisation :
✓ Commande unifiée via une seule application.
✓ Création de scénarios personnalisés (ex. : "mode cinéma" qui ajuste lumières et stores).
✓ Commande vocale et suggestions intelligentes via l'IA.

4. Avantages et enjeux

✅ **Confort et praticité** : Un domicile qui s'adapte à vos besoins sans effort.
✅ **Économies d'énergie** : Jusqu'à **30 % de réduction** sur la consommation énergétique (source : ADEME).
✅ **Sécurité renforcée** : Intégration avec les alarmes et caméras intelligentes.

✅ **Accessibilité** : Idéal pour les personnes âgées ou à mobilité réduite.

⚠ **Défis à considérer**

- **Confidentialité** : Protéger ses données personnelles est essentiel.
- **Interopérabilité** : Certains appareils ne sont pas toujours compatibles.
- **Coût initial** : Un investissement qui peut être rentable sur le long terme.
- **Dépendance technologique** : En cas de panne internet, certaines fonctions peuvent être limitées.

5. Un futur encore plus intelligent

🔮 **Prédiction des besoins** : L'IA anticipera nos actions avant même que nous les formulions.

🔗 **Écosystème ultra-connecté** : L'Internet des Objets (IoT) intégrera encore plus d'appareils.

🌱 **Durabilité** : Meilleure gestion énergétique et intégration des énergies renouvelables.

🖐 **Interaction intuitive** : Commandes vocales et gestuelles plus fluides.

Conclusion

Grâce à l'IA, la domotique intelligente ne se contente plus d'automatiser : elle transforme notre maison en un assistant interactif et adaptatif. En alliant **confort, économies d'énergie et sécurité**, ces technologies repensent notre manière d'habiter et de gérer notre quotidien. Malgré quelques défis, l'évolution rapide des solutions intelligentes promet un avenir où chaque foyer sera plus efficace et personnalisé que jamais.

Appareils électroménagers connectés : Quand l'IA s'invite dans notre quotidien

L'essor de l'Internet des objets a profondément modifié notre manière d'utiliser les appareils électroménagers. Réfrigérateurs, fours, lave-linge ou aspirateurs intègrent désormais des fonctions intelligentes qui facilitent leur usage et améliorent leur efficacité au quotidien. Cette section présente leurs principales fonctionnalités et leurs apports concrets.

1. Les appareils électroménagers intelligents

◆ Réfrigérateurs connectés

- Caméras intégrées pour vérifier le contenu à distance.
- Écrans tactiles affichant recettes et listes de courses.
- Alertes pour éviter le gaspillage alimentaire.
- Ajustement automatique de la température.

💡 *Exemple : Le Samsung Family Hub synchronise les courses et propose des recettes adaptées aux aliments disponibles.*

◆ Lave-linge et sèche-linge intelligents

- Démarrage et suivi à distance via une application.
- Détection automatique du type de linge pour optimiser le lavage.
- Notifications en fin de cycle.

💡 *Exemple : L'application My AEG Care propose des réglages personnalisés pour économiser eau et électricité.*

◆ Fours et cuisinières connectés

- Contrôle de la température à distance.

- Recettes intégrées avec ajustement automatique des paramètres de cuisson.
- Caméras embarquées pour surveiller la cuisson.

💡 *Exemple : Certains modèles permettent de préchauffer le four via smartphone avant de rentrer du travail.*

◆ Lave-vaisselle intelligents

- Programmes optimisés selon la charge et le niveau de saleté.
- Alertes pour le niveau de sel ou de liquide de rinçage.
- Gestion de la consommation d'eau et d'énergie.

◆ Aspirateurs robots

- Cartographie intelligente des pièces.
- Programmation et contrôle via smartphone.
- Retour automatique à la base de chargement.

💡 *Exemple : Les modèles avancés adaptent leur trajet en fonction des obstacles et détectent les zones les plus sales.*

2. Les avantages des appareils connectés

Les appareils électroménagers connectés offrent plusieurs avantages concrets :

• Un contrôle à distance permettant de lancer ou de surveiller un appareil à tout moment.
• Une automatisation de certaines tâches ménagères, libérant du temps au quotidien.
• Une gestion plus intelligente de l'énergie et des ressources.
• Des notifications utiles pour suivre l'état des appareils sans vérification manuelle.
• Une maintenance préventive grâce à la détection anticipée des dysfonctionnements.

Ces fonctionnalités contribuent à une utilisation plus fluide et plus sereine des équipements domestiques.

✓ Confort et simplicité

- Contrôle à distance via une application mobile.
- Automatisation des tâches répétitives.
- Interfaces intuitives accessibles à tous.

✓ Économies d'énergie

- Optimisation des cycles de lavage, de cuisson et de chauffage.
- Suivi en temps réel de la consommation énergétique.
- Réduction des gaspillages grâce aux recommandations intelligentes.

💡 *Exemple : L'application SmartThings de Samsung surveille et ajuste la consommation des appareils connectés.*

✓ Personnalisation et apprentissage

- Programmes adaptés aux habitudes des utilisateurs.
- Suggestions pour une utilisation plus efficace.
- Mises à jour logicielles améliorant les performances.

✓ Maintenance simplifiée

- Diagnostic à distance des pannes.
- Alertes en cas de dysfonctionnement.
- Mises à jour automatiques pour optimiser les appareils.

3. Défis et précautions

⚠ Sécurité et confidentialité

- Les appareils collectent des données personnelles.

- Protection nécessaire contre les cyberattaques.
- Importance de choisir des solutions sécurisées.

⚠ Coût initial élevé

- Prix souvent supérieur aux modèles classiques.
- Investissement à long terme à évaluer.

⚠ Dépendance technologique

- Risque de dysfonctionnement en cas de coupure Internet.
- Mise à jour et maintenance nécessaires.

4. Vers une maison encore plus intelligente

🚀 **IA avancée** : Personnalisation encore plus poussée selon les habitudes.

🔗 **Interopérabilité** : Meilleure communication entre appareils de différentes marques.

🌱 **Durabilité** : Matériaux recyclables, réparabilité facilitée et réduction du gaspillage.

Conclusion

Les appareils électroménagers connectés **révolutionnent notre quotidien** en offrant **confort, économie d'énergie et automatisation**. Bien que leur adoption nécessite de **prendre en compte la sécurité et l'investissement initial**, ils constituent une avancée majeure vers une maison plus intelligente et adaptée aux besoins modernes.

Sécurité et surveillance : l'IA au service de la protection domestique

La sécurité à domicile est une préoccupation majeure, et l'intelligence artificielle (IA) transforme radicalement ce domaine. Grâce aux caméras intelligentes, détecteurs de mouvement et serrures connectées, protéger son foyer devient **plus simple, plus efficace et plus réactif.**

1. Les systèmes de sécurité intelligents

Un système de sécurité domestique intelligent est composé de plusieurs éléments clés qui travaillent ensemble pour assurer une protection complète du foyer. Voici les principaux composants :

1. Unité de contrôle centrale :
- C'est le "cerveau" du système, qui coordonne tous les autres composants.
- Elle traite les informations provenant des différents capteurs et caméras.
- Elle peut être connectée à Internet pour permettre un contrôle à distance et l'envoi d'alertes.

2. Caméras de surveillance intelligentes :
- Elles offrent une surveillance visuelle en temps réel.
- Équipées de fonctionnalités comme la vision nocturne et la détection de mouvement.
- Certaines peuvent reconnaître les visages ou distinguer entre humains, animaux et objets.

3. Détecteurs de mouvement :
- Placés à des endroits stratégiques pour détecter toute activité inhabituelle.
- Les versions intelligentes peuvent différencier entre les mouvements des résidents et ceux des intrus potentiels.

4. Capteurs d'ouverture de portes et fenêtres :

- Ils alertent le système lorsqu'une porte ou une fenêtre est ouverte.
- Particulièrement utiles pour détecter les intrusions.

5. Serrures connectées :
- Permettent un verrouillage et déverrouillage à distance.
- Offrent souvent des fonctionnalités comme les codes temporaires pour les invités.

6. Sirènes ou alarmes :
- Émettent un son fort pour dissuader les intrus et alerter les voisins en cas d'intrusion.

7. Capteurs environnementaux :
- Détecteurs de fumée, de monoxyde de carbone, ou d'inondation connectés au système.
- Ajoutent une couche de sécurité contre les dangers non liés aux intrusions.

8. Éclairage intelligent :
- Peut être programmé pour simuler une présence ou s'allumer en cas de détection de mouvement.

9. Interphone vidéo :
- Permet de voir et communiquer avec les visiteurs à distance.

10. Application mobile :
- Interface utilisateur pour contrôler le système à distance.
- Reçoit les alertes et permet de visualiser les flux vidéo en temps réel.

11. Stockage cloud :
- Pour sauvegarder les enregistrements vidéo et les données du système.

12. Système de sauvegarde d'énergie :
- Batterie de secours pour maintenir le système opérationnel en cas de coupure de courant.

L'intégration de ces composants, couplée à l'intelligence artificielle, permet une protection complète et personnalisée du domicile. L'IA aide à analyser les données de tous ces dispositifs pour détecter les anomalies et réduire les fausses alertes, offrant ainsi une sécurité plus efficace et moins intrusive.

Les nouvelles technologies permettent donc une surveillance avancée et une gestion optimisée de la sécurité domestique.

✦ Caméras de surveillance intelligentes

- Vision nocturne haute qualité.
- Détection avancée des mouvements (humains, animaux, véhicules).
- Alertes instantanées sur smartphone.
- Stockage cloud sécurisé.

💡 *Exemple : La caméra Arlo Pro 4 détecte les personnes et envoie des alertes en temps réel.*

✦ Détecteurs de mouvement intelligents

- Analyse des mouvements pour éviter les fausses alertes.
- Activation automatique des lumières ou des alarmes.
- Intégration avec d'autres appareils domotiques.

💡 *Exemple : Le capteur Philips Hue allume les lumières lorsqu'un mouvement est détecté, améliorant la sécurité.*

✦ Serrures connectées

- Déverrouillage via application ou code PIN.
- Suivi des entrées et sorties en temps réel.
- Possibilité d'accorder des accès temporaires.

💡 *Exemple : La serrure August Smart Lock permet d'ouvrir sa porte à distance et de créer des accès temporaires.*

2. Avantages des systèmes basés sur l'IA

✅ Dissuasion efficace

- Présence visible des caméras et alarmes réduisant les risques d'intrusion.
- Envoi d'alertes en cas de comportement suspect.

✅ Surveillance 24/7 accessible partout

- Consultation en direct via smartphone.
- Stockage et relecture des vidéos en cas d'incident.

✅ Automatisation et intégration

- Interaction avec d'autres appareils domotiques (lumières, alarmes, thermostats).
- Création de scénarios intelligents (ex. : allumage automatique des lumières la nuit).

✅ Réduction des coûts d'assurance

- De nombreuses compagnies proposent des réductions aux foyers équipés de systèmes de sécurité avancés.

3. Points de vigilance avant adoption

⚠ Confidentialité et protection des données

- Sécurisation des flux vidéo et stockage des données sensibles.
- Respect des normes de confidentialité (ex. RGPD en Europe).

⚠ Dépendance à la technologie

- Pannes de connexion pouvant affecter les fonctionnalités.
- Prévoir un accès alternatif (clé physique pour les serrures connectées).

⚠ Coût d'installation initial

- Investissement parfois important, mais compensé par des économies à long terme.

4. Vers une sécurité encore plus intelligente

⚡ Prédiction des menaces : l'IA pourra anticiper les risques en analysant les habitudes et les tendances locales.

⟳ Interopérabilité accrue : meilleure communication entre différents appareils et marques.

□ Interaction intuitive : commandes vocales et interfaces simplifiées.

⚡ Durabilité et optimisation énergétique : systèmes moins gourmands en électricité et plus durables.

Conclusion

Grâce à l'IA, la sécurité domestique est désormais **plus intelligente, plus réactive et plus intégrée**. Offrant à la fois **tranquillité d'esprit, confort et économies**, ces solutions transforment notre manière de protéger nos foyers. Avec les avancées technologiques à venir, notre maison deviendra un véritable **gardien intelligent**, anticipant les menaces et s'adaptant à nos besoins en temps réel.

Conclusion du chapitre 3 : Une maison plus intelligente, un quotidien transformé

L'intégration de l'intelligence artificielle dans nos foyers marque une évolution majeure, révolutionnant notre façon d'interagir avec notre espace de vie. Ce chapitre a mis en lumière trois piliers essentiels de cette transformation : **la domotique intelligente, les appareils électroménagers connectés et les systèmes de sécurité et de surveillance.**

◆ Un confort sur mesure avec la domotique intelligente
L'IA ajuste l'éclairage, le chauffage ou encore les stores en fonction de nos habitudes, optimisant **notre bien-être et notre consommation d'énergie.** Cette personnalisation améliore à la fois notre confort et l'efficacité énergétique de nos maisons.

◆ Des tâches ménagères simplifiées grâce aux appareils connectés
Les réfrigérateurs, lave-linges et fours intelligents apprennent de nos préférences pour offrir **une utilisation plus intuitive et efficace,** allégeant ainsi la gestion du quotidien.

◆ Une sécurité proactive et rassurante
Les caméras et alarmes intelligentes **différencient les menaces réelles des fausses alertes** et réagissent rapidement, assurant une protection optimale et une tranquillité d'esprit inédite.

Cependant, ces avancées s'accompagnent de défis, notamment en matière **de confidentialité des données et de cybersécurité.** Il est essentiel d'adopter ces technologies en toute conscience, en veillant à protéger notre vie privée et à éviter une dépendance excessive.

L'avenir de la maison intelligente promet des intégrations encore plus poussées, avec des technologies capables d'**anticiper nos besoins et d'interagir harmonieusement.** Loin d'être une simple automatisation, cette évolution redéfinit notre relation avec notre domicile, en en faisant un **véritable assistant du quotidien.**

💡 En résumé, l'intelligence artificielle contribue à rendre nos maisons plus confortables, plus sûres et mieux adaptées à nos usages. Utilisée avec discernement, elle peut simplifier certaines tâches du quotidien et améliorer notre qualité de vie, sans se substituer à nos choix.

Chapitre 4 : L'IA pour votre bien-être

Introduction

L'intelligence artificielle modifie progressivement notre approche du bien-être personnel, en proposant des outils capables d'analyser certaines données et de **formuler des recommandations personnalisées pour la santé physique et mentale.**

Aujourd'hui, nos smartphones, montres connectées et applications de suivi santé ne se contentent plus d'enregistrer des données. Grâce à l'IA, ils peuvent **analyser certaines informations et proposer des pistes d'amélioration** pour le sommeil, l'alimentation ou l'activité physique.

Ce chapitre explore **trois domaines essentiels** où l'IA devient **un véritable allié pour notre bien-être :**
✔ Santé et fitness : applications et objets connectés qui accompagnent l'activité physique et l'entraînement.
✔ Sommeil et gestion du stress : outils de suivi et de relaxation basés sur l'analyse de données.
✔ Nutrition et alimentation : applications capables d'analyser les repas et de proposer des ajustements.

L'IA au service d'un bien-être personnalisé

🔊 **Un coaching digital sur mesure**
L'IA s'appuie sur nos habitudes et nos données d'activité pour proposer des entraînements adaptés et ajuster certains objectifs au fil du temps.

☐ **Un sommeil mieux compris et optimisé**
Les outils IA analysent **la qualité de notre sommeil**, identifient les **facteurs perturbateurs** et offrent **des conseils adaptés** pour un meilleur repos.

⏱ **Une alimentation intelligente et équilibrée**
Les applications de nutrition **ne se contentent plus de compter les calories** : elles **créent des menus adaptés**, proposent **des alternatives saines** et intègrent **les préférences et restrictions alimentaires.**

Ce que vous allez apprendre dans ce chapitre

◆ **Les meilleures applications et dispositifs IA pour la santé et le fitness.**
◆ **Comment l'IA améliore la qualité du sommeil et aide à gérer le stress.**
◆ **L'impact de l'IA sur la nutrition et la gestion des repas.**

☞ Que vous soyez novice ou déjà utilisateur de ces outils, vous découvrirez comment les intégrer de manière progressive et raisonnée dans votre quotidien.

🖋 **Prêt à transformer votre santé et votre bien-être grâce à l'IA ? C'est parti !**

Applications de santé et de fitness : Quand l'IA devient votre coach personnel

L'intelligence artificielle **révolutionne notre approche du bien-être et de la condition physique**. Grâce aux smartphones, montres connectées et objets intelligents, l'IA ne se contente plus **de mesurer notre activité** : elle l'analyse, l'interprète et propose **des recommandations personnalisées** pour améliorer notre santé.

Que ce soit pour **suivre notre activité physique, surveiller notre rythme cardiaque ou adapter nos entraînements,** ces technologies agissent **comme des coachs virtuels intelligents,** s'ajustant en fonction **de nos objectifs et de notre progression.**

Dans cette section, nous explorons **les principales applications IA qui transforment notre rapport au fitness et à la santé.**

1. Suivi de l'activité physique : Un assistant intelligent au poignet

Les applications de suivi sportif utilisent **les capteurs des smartphones et montres connectées** pour analyser **nos mouvements, notre dépense énergétique et nos performances sportives.**

◆ Fonctionnalités clés

✓ **Comptage précis des pas** et analyse des mouvements via accéléromètres.
✓ **Détection automatique des activités** (course, vélo, natation).
✓ **Estimation des calories brûlées,** ajustée selon le profil de l'utilisateur.
✓ **Analyse des performances** : cadence, distance, vitesse, longueur de foulée.

💡 Exemples d'applications

🏃 **Strava** : Analyse les performances sportives et propose **des itinéraires personnalisés.**
🏃 **Nike Run Club** : Adapte les plans d'entraînement en fonction **de vos progrès et objectifs.**

2. Monitoring cardiaque : Une IA pour écouter votre cœur

Le suivi du rythme cardiaque est devenu **un indicateur clé de notre condition physique**. L'IA permet **d'analyser ces données en continu** et de détecter **d'éventuelles anomalies**.

◆ Fonctionnalités clés

✓ **Suivi en temps réel** de la fréquence cardiaque 24/7.
✓ **Détection des arythmies et anomalies cardiaques**.
✓ **Guidage par zones cardiaques** pour un entraînement optimisé.

♀ Exemple innovant

☺ **Apple Watch ECG** : Détecte **la fibrillation auriculaire** et alerte en cas d'anomalie grave.

3. Coaching virtuel personnalisé : Un entraîneur IA à votre service

L'IA ne se contente plus **d'analyser les données** : elle devient **un véritable coach**, adaptant **les séances d'entraînement en fonction des performances et de la récupération**.

◆ Fonctionnalités clés

✓ **Plans d'entraînement évolutifs** selon vos progrès.
✓ **Feedback en temps réel** sur la posture, la technique et l'intensité.
✓ **Motivation personnalisée** basée sur votre engagement.

♀ Exemples d'applications

➔ **Freeletics** : Génère **des séances sur mesure** adaptées à votre niveau.
➔ **Fitbod** : Crée des **entraînements de musculation personnalisés** selon **votre matériel et votre récupération**.

4. Analyse de la composition corporelle : Un regard précis sur votre évolution

Plutôt que de se focaliser **sur le poids seul**, certaines applications IA permettent **d'évaluer la composition corporelle** pour un suivi plus complet.

◆ Fonctionnalités clés

✓ **Analyse du pourcentage de masse graisseuse** via des photos ou capteurs.
✓ **Suivi des mensurations** pour visualiser les progrès sur le long terme.
✓ **Recommandations nutritionnelles et sportives** adaptées.

💡 Exemple innovant

☐ **Naked Labs** : Un **miroir connecté** qui scanne le corps en 3D pour analyser **l'évolution de votre silhouette**.

5. Santé féminine : IA et suivi du cycle menstruel

Les applications IA dédiées **à la santé féminine** offrent **un suivi précis du cycle menstruel**, de la fertilité et même de la grossesse.

◆ Fonctionnalités clés

✓ **Prédiction des cycles** via l'apprentissage des données passées.
✓ **Détection d'anomalies** et alertes en cas d'irrégularités.
✓ **Suivi de grossesse** avec conseils adaptés à chaque trimestre.

💡 Exemples d'applications

✿ **Clue** : Affine ses prévisions **grâce à l'IA et aux retours de l'utilisatrice**.

✿ **Ovia** : Fournit **un accompagnement intelligent** durant la grossesse.

6. Gestion des maladies chroniques : Une IA pour améliorer le suivi médical

L'IA joue un rôle clé **dans l'accompagnement des personnes atteintes de maladies chroniques**, leur permettant **de mieux gérer leurs symptômes et leur traitement.**

◆ Fonctionnalités clés

✓ **Journal intelligent des symptômes** pour identifier les tendances.
✓ **Prédiction des crises** (ex. : asthme, épilepsie) selon des facteurs de risque.
✓ **Rappels intelligents** pour la prise de médicaments.

💡 Exemple innovant

✍ **One Drop** : Utilise l'IA pour **prédire les niveaux de glucose sanguin** et ajuster les recommandations pour les diabétiques.

7. Défis et limites des applications IA en santé et fitness

🔒 Confidentialité et sécurité des données
Les données de santé sont **sensibles** et nécessitent une **protection stricte** (RGPD, HIPAA).

🔒 Précision et interprétation des résultats
L'IA **n'est pas infaillible** : un diagnostic erroné peut **entraîner des décisions inappropriées.**

◙ Accessibilité et inégalités
Ces technologies avancées sont **coûteuses, limitant leur accès aux populations défavorisées.**

◙ Dépendance excessive aux outils
Un suivi excessif peut **entraîner une obsession du contrôle** et nuire au bien-être mental.

8. L'avenir des applications IA en santé et fitness

☐ **Vers une meilleure intégration avec les dossiers médicaux**
IA fédérée : Améliorer les modèles IA sans compromettre la confidentialité.
§ **Détection précoce des maladies** pour une médecine plus préventive.
☐ **Intégration avec la réalité augmentée et virtuelle** pour une expérience plus immersive.

Conclusion

Les applications de santé et de fitness **permettent de mieux comprendre et optimiser notre bien-être.**

✅ **Elles transforment notre smartphone en véritable assistant santé.**
✅ **Elles offrent une personnalisation inédite, grâce aux algorithmes d'IA.**
✅ **Elles nous rendent plus autonomes dans la gestion de notre condition physique et de notre santé**

✦ **Mais elles ne remplacent pas un avis médical : leur utilisation doit rester un outil complémentaire, et non un substitut au suivi professionnel.**

À mesure que l'IA évolue, ces applications deviendront encore plus intelligentes, accessibles et intégrées à notre

quotidien, ouvrant la voie à une approche 100% personnalisée du bien-être !

Suivi du sommeil et gestion du stress : L'IA au service de votre bien-être

Le **sommeil réparateur** et la **gestion du stress** sont essentiels pour maintenir une bonne **santé physique et mentale**. Grâce à l'IA, nous disposons désormais **d'outils intelligents** qui analysent **nos habitudes, détectent les problèmes et proposent des solutions personnalisées** pour optimiser notre bien-être.

Dans cette section, nous explorons comment l'IA **révolutionne le suivi du sommeil et la gestion du stress** à travers **des applications, des dispositifs connectés et des techniques avancées.**

1. Suivi du sommeil : Comprendre et améliorer son repos

Le sommeil joue un rôle **crucial** dans la régénération du corps et de l'esprit. L'IA permet **d'analyser nos nuits** avec une précision inédite et de proposer **des recommandations adaptées.**

- Les applications comme **Sleep Cycle** utilisent l'IA pour analyser les cycles de sommeil et réveiller l'utilisateur au moment optimal de son cycle.

- L'IA permet une analyse approfondie des données de sommeil (durée, qualité, phases) pour fournir des recommandations personnalisées.

- Des dispositifs comme le **Nokia Sleep** utilisent l'IA pour surveiller le sommeil et fournir des conseils d'amélioration basés sur l'analyse des données.

- L'IA peut repérer certains signaux associés à des troubles du sommeil et inviter l'utilisateur à consulter un professionnel si nécessaire.

◆ Technologies utilisées pour le suivi du sommeil

✦ **Montres et bracelets connectés** : Mesurent **la fréquence cardiaque, les mouvements et l'oxygénation** du sang pendant la nuit.

✦ **Tapis intelligents** (placés sous le matelas) : Détectent **la respiration, les cycles de sommeil et les micro-réveils.**

✦ **Applications smartphone** : Utilisent **le micro et l'accéléromètre** pour analyser **les sons et mouvements** nocturnes.

✦ **Caméras infrarouges** : Suivent les **mouvements sans contact physique.**

◆ Ce que l'IA analyse dans votre sommeil

✓ **Identification des cycles de sommeil** (léger, profond, paradoxal).

✓ **Détection des troubles** (apnée du sommeil, insomnies).

✓ **Corrélation entre mode de vie et qualité du sommeil** (impact du stress, de l'activité physique).

✓ **Analyse à long terme** pour repérer **des tendances** et proposer des ajustements.

◆ Recommandations personnalisées grâce à l'IA

❢ **Optimisation des horaires de sommeil** selon votre chronotype.

❢ **Conseils sur la température, la lumière et l'environnement** de votre chambre.

❢ **Alertes sur vos habitudes néfastes** (temps d'écran avant le coucher, alimentation).

❢ Exemples d'applications et dispositifs IA

❯ **Oura Ring** : Une bague connectée qui **analyse la qualité du sommeil et propose des améliorations personnalisées.**

❯ **Sleep Cycle** : Une appli qui **détecte les cycles de sommeil et réveille au moment optimal.**

❯ **Withings Sleep** : Un tapis de suivi qui **identifie les troubles du sommeil et l'apnée.**

2. Gestion du stress : L'IA pour retrouver sérénité et équilibre

Le stress chronique **fragilise le corps et l'esprit**. L'IA permet **de détecter, mesurer et gérer** ces tensions avec des méthodes innovantes et personnalisées.

- Les applications comme **Headspace et Calm** utilisent l'IA pour fournir des méditations guidées et des exercices de respiration personnalisés en fonction des habitudes et besoins de l'utilisateur.

- Des applications comme **RespiRelax** utilisent l'IA pour analyser la cohérence cardiaque et proposer des exercices de respiration adaptés pour réduire le stress.

◆ Comment l'IA détecte le stress

✓ **Analyse de la variabilité de la fréquence cardiaque (VFC)** : Une augmentation du stress **diminue la flexibilité cardiaque.**

✓ **Analyse vocale** : Détection des **modulations dans la voix** révélant une anxiété accrue.

✓ **Reconnaissance faciale** : Identification des **expressions associées au stress.**

✓ **Analyse comportementale** : L'IA repère **les habitudes stressantes** (temps d'écran, baisse d'activité).

◆ Techniques IA pour réduire le stress

◻♂◻ **Méditation guidée** : Des apps comme **Headspace adaptent les séances en fonction du niveau de stress détecté.**

⇥ **Exercices de respiration** : L'IA propose **des techniques spécifiques selon votre état** (cohérence cardiaque, relaxation).

👤 **Accompagnement conversationnel :** certains chatbots peuvent aider à identifier des pensées anxieuses et proposer des exercices inspirés de la thérapie cognitive, sans se substituer à un professionnel.

♪ **Recommandations d'activités relaxantes** : L'IA suggère **musique apaisante, balades ou exercices légers** selon votre niveau de stress.

💡 Exemples d'applications et dispositifs IA

🙂 **Calm** : Méditations et ambiances sonores **adaptées à votre état émotionnel.**

🙂 **Spire Stone** : Un capteur qui **détecte les tensions respiratoires et guide vers la relaxation.**

🙂 **Moodfit** : Suivi de l'humeur et **recommandations personnalisées pour réduire le stress.**

3. Intégration sommeil-stress : Une approche holistique

L'IA permet désormais **de croiser les données du sommeil et du stress** pour mieux comprendre **leurs interactions** et proposer **des solutions globales.**

◆ Comment l'IA relie sommeil et stress

✓ **Impact du stress sur le sommeil** : Si votre niveau de stress **augmente le soir**, l'IA recommande **des exercices de relaxation adaptés** avant le coucher.

✓ **Impact du sommeil sur le stress** : En cas de **manque de** sommeil, l'IA ajuste vos objectifs **pour éviter les journées trop chargées**.

◆ Solutions combinées IA pour un bien-être optimal

❄ **Ajustement du mode de vie** : Conseils personnalisés sur **l'alimentation, l'exposition à la lumière, les rythmes de travail**.
❄ **Interventions en temps réel** : Alertes sur **les pics de stress** et recommandations **immédiates** pour améliorer le sommeil.

♥ Exemple d'application intégrée

⊞ **Fitbit Premium** : Combine **sommeil, activité et stress** pour offrir **une vision complète du bien-être** et proposer **des recommandations globales**.

4. Défis et enjeux éthiques des outils IA pour le bien-être

◙ Confidentialité des données
→☐ Vos données de sommeil et de stress sont **très personnelles**. Choisissez **des applications respectant la protection des données (RGPD, HIPAA)**.

◙ Précision et fiabilité
→☐ **L'IA ne remplace pas un diagnostic médical**. Les analyses doivent être **prises avec recul**.

◙ Dépendance à la technologie
→☐ Trop se fier aux outils **peut nuire à l'écoute de son propre corps**. Un équilibre est essentiel.

◙ Accessibilité et coût
→☐ Ces technologies restent **onéreuses**, créant **un risque d'inégalités dans l'accès aux soins préventifs**.

5. L'avenir du suivi du sommeil et du stress avec l'IA

☐ **Intégration avec d'autres données de santé** : Croisement des informations **nutritionnelles, hormonales, émotionnelles** pour une vision plus complète.

$ **Détection précoce des troubles** : L'IA pourra **anticiper les insomnies chroniques ou les épisodes de burn-out.**

🐾 **Interventions personnalisées en temps réel** : Ajustement automatique **de l'environnement (lumière, température, sons) selon les niveaux de stress.**

☐ **IA fédérée** : Améliorer les algorithmes **sans stocker de données personnelles.**

Conclusion

L'IA transforme notre rapport **au sommeil et au stress**, en offrant **des outils intelligents et adaptatifs** pour améliorer notre bien-être.

✅ **Elle nous aide à mieux comprendre notre corps** grâce à l'analyse précise des données.

✅ **Elle propose des solutions personnalisées** pour améliorer la qualité du sommeil et réduire le stress.

✅ **Elle nous permet d'adopter une approche proactive** de notre bien-être.

➤ **Mais l'IA reste un outil complémentaire** : elle doit être utilisée avec discernement, en complément des **pratiques naturelles de relaxation et des conseils médicaux.**

🚀 **Avec les avancées en IA, nous nous dirigeons vers une gestion du bien-être encore plus intuitive et préventive !**

Nutrition et planification des repas : L'IA au service d'une alimentation équilibrée

Adopter une alimentation plus équilibrée peut être facilité par les avancées de l'intelligence artificielle. Sans supprimer les efforts personnels, ces outils peuvent aider à mieux organiser les repas, à mieux comprendre les apports nutritionnels et à planifier les courses.

L'IA transforme notre rapport à la **nutrition**, en proposant **des recommandations personnalisées, des plans de repas intelligents et des solutions durables contre le gaspillage alimentaire.**

Dans cette section, nous allons découvrir **comment l'IA révolutionne notre manière de manger, de planifier et d'optimiser notre alimentation**, avec **des applications concrètes et des outils pratiques.**

1. Analyse nutritionnelle personnalisée

Chaque individu a des **besoins nutritionnels uniques**, influencés par **son âge, son activité physique, son métabolisme et ses objectifs de santé**. L'IA permet d'offrir une **approche sur mesure** pour mieux comprendre **ce que nous mangeons et comment cela impacte notre bien-être.**

◆ Identification des aliments et suivi nutritionnel

✦ **Reconnaissance d'aliments par IA** : Des applications comme **MyFitnessPal, Yazio et Lose It !** identifient **vos repas à partir d'une simple photo** et calculent **automatiquement les calories et macronutriments.**

✦ **Analyse des habitudes alimentaires** : L'IA **détecte les tendances** (excès de sucre, carences en protéines) et suggère des **ajustements progressifs.**

✦ **Tableaux de bord interactifs** : Des apps comme **Lifesum** proposent **des graphiques clairs** sur votre consommation de fibres, de lipides ou de vitamines.

◆ Recommandations nutritionnelles intelligentes

💡 **Conseils adaptés à votre profil** : Si vous manquez de fer, l'IA vous suggérera **des aliments riches en fer** et des astuces pour **mieux l'absorber**.

💡 **Évolution dynamique** : Si votre activité sportive augmente, l'IA ajuste **vos besoins caloriques et votre répartition des nutriments**.

💡 **Suggestions personnalisées** : L'IA peut recommander **des recettes adaptées à vos préférences et allergies alimentaires**.

✓ **Exemple d'application : Nutrino** propose **des recommandations basées sur vos analyses médicales et données de santé**.

2. Planification de repas intelligente

Préparer des repas équilibrés demande souvent **du temps et de l'organisation**. L'IA **automatise ce processus**, en créant des **menus variés, sains et adaptés à vos besoins**.

◆ Génération de menus personnalisés

✦ **Menus sur mesure en quelques clics : Eat This Much et Mealime** génèrent **des plans de repas adaptés à vos goûts, votre budget et vos objectifs (perte de poids, prise de muscle, etc.)**.

✦ **Adaptation aux restrictions alimentaires** : L'IA prend en compte **les allergies, intolérances et préférences (vegan, sans gluten, keto, etc.)**.

✦ **Substitutions intelligentes** : Besoin d'un **équivalent sain au sucre raffiné** ? L'IA propose **des alternatives adaptées** (miel, sirop d'érable, édulcorants naturels).

◆ Optimisation des courses et gestion des stocks

💡 **Listes de courses automatiques** : À partir de votre planning de repas, l'IA crée **une liste détaillée** et peut même la **connecter à des services de livraison (Amazon Fresh, Carrefour Drive)**.

💡 **Achat responsable et économique** : L'IA recommande **des produits de saison, moins chers et plus nutritifs**.

💡 **Gestion des stocks alimentaires** : Des applications comme **Fridgely ou NoWaste** suivent **les dates de péremption** et proposent **des recettes avec les ingrédients restants**.

✓ **Exemple d'application : Cookpad AI** analyse **vos ingrédients disponibles** et génère **des recettes adaptées en fonction de ce que vous avez sous la main**.

3. Suivi et ajustement en temps réel

L'IA permet **un suivi intelligent** de votre alimentation et ajuste **les recommandations au fil du temps**.

◆ Impact des repas sur votre santé

✦ **Analyse des variations énergétiques** : L'IA mesure comment **vos repas influencent votre niveau d'énergie** et ajuste **les apports pour éviter les pics et chutes de glycémie**.

✦ **Réajustement automatique** : Si vous **perdez du poids trop rapidement ou pas assez**, l'IA ajuste **vos portions ou vos macros** en conséquence.

✦ **Connexion avec des montres connectées** : L'IA adapte **vos apports caloriques selon votre activité physique quotidienne**.

✅ **Exemple d'application : Cronometer** suit **vos micronutriments** et **prévient les carences en vitamines et minéraux.**

4. Réduction du gaspillage alimentaire grâce à l'IA

Le gaspillage alimentaire est **un problème mondial.** L'IA aide à **mieux gérer nos ressources,** en proposant **des solutions pour utiliser intelligemment nos aliments.**

◆ Stratégies IA anti-gaspillage

♻ **Planification des portions** : L'IA analyse **vos habitudes de consommation** et ajuste **les quantités** pour éviter le surplus.

♻ **Utilisation des restes** : Des apps comme **Too Good To Go** suggèrent **des recettes à base d'ingrédients proches de la date limite.**

♻ **Optimisation du stockage** : L'IA vous informe **des meilleures conditions de conservation** pour prolonger la durée de vie de vos aliments.

✅ **Exemple d'application : OLIO** met en relation **les utilisateurs pour donner ou échanger des aliments non consommés.**

5. Défis et considérations éthiques

🔊 **Confidentialité des données**
→☐ Vos **habitudes alimentaires sont des données sensibles.** Privilégiez **des applications respectant le RGPD et garantissant un stockage sécurisé.**

🔊 **Fiabilité et précision**
→☐ L'IA **ne remplace pas** un nutritionniste. Les recommandations doivent être **validées par un professionnel** si nécessaire.

🔟 **Équilibre entre contrôle et plaisir**
→ ☐ Une approche **trop stricte** peut mener à **des comportements alimentaires obsessionnels**. L'IA doit **rester un outil de soutien, pas une contrainte.**

🔟 **Accessibilité des technologies**
→ ☐ Certaines applications **nécessitent un abonnement payant,** ce qui peut **limiter leur accès aux personnes en situation de précarité.**

6. L'avenir de la nutrition assistée par IA

🔬 **Cuisine intelligente connectée** : Des frigos et robots de cuisine qui **proposent des menus et cuisinent automatiquement.**
🔬 **Analyse des biomarqueurs en temps réel** : Détection des **besoins nutritionnels précis grâce à des capteurs corporels.**
🔬 **Personnalisation selon le microbiome** : Une alimentation **adaptée à votre flore intestinale pour une digestion et une absorption optimales.**
🔬 **Coaching IA 100 % interactif : Des assistants nutritionnels en réalité augmentée** pour guider la préparation des repas en direct.

Conclusion

L'IA **révolutionne notre alimentation,** en nous aidant à **mieux comprendre nos besoins, à planifier des repas adaptés et à optimiser notre consommation alimentaire.**

✓ **Elle nous permet de gagner du temps et de mieux organiser nos repas.**
✓ **Elle favorise une alimentation équilibrée et personnalisée.**
✓ **Elle réduit le gaspillage alimentaire en optimisant nos courses et nos stocks.**

✦ **Toutefois, elle doit être utilisée avec discernement** : elle **ne remplace pas** une écoute attentive de **son corps et des conseils de professionnels.**

Avec **les avancées technologiques**, nous allons vers **une nutrition plus intuitive, plus durable et totalement adaptée à notre santé.** ☼♥

Conclusion du Chapitre 4 : L'IA, un allié précieux pour votre bien-être

L'intelligence artificielle **révolutionne notre approche du bien-être**, en nous aidant à mieux **comprendre, suivre et optimiser** notre santé physique et mentale. À travers **le fitness, le sommeil, la gestion du stress et la nutrition**, elle nous apporte des outils personnalisés pour prendre **des décisions éclairées** et adopter **un mode de vie plus sain.**

1. L'IA au service d'une meilleure santé

✦ **Des applications de fitness intelligentes** : elles **ne se contentent plus de mesurer l'activité**, elles **l'analysent et l'adaptent** pour optimiser nos performances et prévenir les blessures.
✦ **Un suivi du sommeil plus précis** : au-delà du simple comptage des heures dormies, l'IA détecte **les troubles du sommeil, analyse nos cycles et propose des solutions** pour améliorer notre repos.
✦ **Une gestion du stress plus proactive** : grâce à **l'analyse vocale, des variations cardiaques et du comportement**, l'IA détecte les signes de stress et suggère **des techniques adaptées** pour mieux y faire face.

✦ **Une nutrition personnalisée et intuitive** : l'IA nous **aide à planifier des repas équilibrés, à éviter les carences et à optimiser**

notre alimentation en fonction de notre mode de vie et de nos objectifs.

Loin d'être un simple gadget, l'IA nous **accompagne de façon intelligente** dans notre quête d'un bien-être durable.

2. Un équilibre entre technologie et intuition

◙ **Confidentialité des données** : Nos informations de santé sont précieuses. Il est essentiel de **choisir des applications respectant la protection des données** et garantissant une utilisation éthique.

◙ **Éviter la dépendance excessive** : Si l'IA peut nous guider, elle ne doit pas **remplacer notre propre écoute du corps**. Il est important de **préserver une connexion naturelle avec nos sensations et nos besoins**.

◙ **Accessibilité et inclusion** : Ces outils doivent être **disponibles pour tous**, sans créer de nouvelles inégalités dans l'accès aux soins et à une vie saine.

L'IA est **un outil puissant**, mais **elle doit être utilisée avec discernement**, comme un **soutien** et non comme un **substitut aux décisions humaines et médicales**.

3. Vers un avenir où l'IA et la santé ne feront qu'un

◆ **Des systèmes encore plus intégrés** : bientôt, l'IA pourrait **croiser les données du sommeil, du stress et de l'alimentation** pour proposer **des recommandations ultra-personnalisées**.

◆ **Prévention et détection avancée** : l'IA pourrait repérer **les premiers signes de maladies chroniques** bien avant qu'elles ne deviennent un problème majeur.

◆ **Coaching de bien-être en temps réel** : à l'avenir, **des assistants IA interactifs et vocaux** pourraient nous conseiller en **temps réel**, ajustant **nos routines de santé** au fil de la journée.

◆ **Vers une approche plus humaine et intuitive** : L'IA va continuer à évoluer pour **s'intégrer naturellement dans notre quotidien, sans être intrusive.**

Conclusion : l'IA, un partenaire au service de notre bien-être

L'IA n'est **ni une mode, ni une contrainte**, mais **un formidable levier pour mieux prendre soin de nous.** En nous offrant **des outils intelligents, des analyses précises et des recommandations adaptées**, elle nous **permet d'adopter des habitudes plus saines et durables.**

L'intelligence artificielle peut devenir un soutien précieux pour le bien-être, à condition d'être utilisée avec discernement. Elle **ne remplace ni l'écoute de son corps, ni l'avis de professionnels de santé.** Employée comme un outil d'accompagnement, elle peut toutefois contribuer à de meilleures habitudes et à une approche plus consciente de la santé.

✦ **L'avenir du bien-être avec l'IA ne dépend pas uniquement de la technologie**, mais de **notre capacité à l'utiliser intelligemment, en respectant nos valeurs et notre équilibre personnel.**

💡 **En combinant l'IA et une approche humaine de la santé**, nous avons toutes les clés pour **vivre une vie plus saine, plus épanouie et plus harmonieuse.** 🚀✨

Chapitre 5 : L'IA au service de vos loisirs

L'intelligence artificielle ne se limite pas au travail, à la productivité ou à la santé. Elle **s'invite également dans nos moments de détente**, en influençant la manière dont nous découvrons des contenus culturels, jouons ou organisons nos voyages. En analysant certaines de nos préférences, elle peut faciliter l'accès à des loisirs adaptés à nos goûts et à nos habitudes.

Dans ce chapitre, nous explorerons **trois domaines** où l'IA joue un rôle croissant dans nos loisirs :

1. Des recommandations sur mesure pour un divertissement sans limite

Finies les heures perdues à chercher **quel film regarder ou quelle musique écouter**. L'IA alimente désormais **les plateformes de streaming et de lecture**, analysant nos préférences pour nous proposer des contenus sur mesure.

✅ **Netflix, Spotify, Amazon Kindle ou YouTube** : Ces plateformes utilisent l'IA pour nous recommander **films, séries, musiques, podcasts et livres** adaptés à nos goûts.

✅ **Personnalisation avancée** : L'IA va **au-delà de nos choix passés**, prenant en compte **les tendances, les avis similaires et même notre humeur** du moment.

✅ **Création automatisée de playlists et suggestions intelligentes** : Découvrez **vos prochains coups de cœur** sans effort grâce aux recommandations toujours plus précises.

L'IA agit ici comme un outil d'aide à la découverte, facilitant l'accès à des contenus susceptibles de correspondre à nos centres d'intérêt.

2. Une expérience gaming réinventée par l'IA 🎮□

Le monde du jeu vidéo **a été bouleversé par l'IA**, offrant des expériences **plus dynamiques, interactives et réalistes**.

✅ **Des jeux qui s'adaptent à vous** : L'IA ajuste la difficulté et le gameplay en **fonction de votre niveau**, garantissant **un défi équilibré et progressif**.
✅ **Des personnages non-joueurs (PNJ) plus intelligents** : Fini les ennemis au comportement répétitif ! L'IA permet **aux PNJ d'apprendre, de s'adapter et d'interagir naturellement avec les joueurs**.
✅ **Des mondes ouverts plus vivants et immersifs** : Grâce à l'IA, **les environnements de jeu évoluent de manière réaliste**, créant **des scénarios imprévisibles et captivants**.
✅ **Jeux génératifs et IA créative** : Certains titres comme **AI Dungeon** ou les nouvelles générations de jeux narratifs permettent aux joueurs **de créer des histoires uniques en temps réel**, façonnées par l'IA.

De nombreux jeux récents intègrent aujourd'hui des mécanismes d'intelligence artificielle pour améliorer le comportement des personnages, la génération des environnements ou l'adaptation du gameplay. Ces usages ne font pas nécessairement des jeux des "jeux d'IA", mais illustrent la place croissante de ces technologies dans l'industrie vidéoludique.

Dans le gaming, l'IA **n'est plus seulement un outil**, elle devient **un acteur qui enrichit l'expérience de jeu, la rendant plus immersive et interactive**.

3. Voyager plus sereinement avec l'aide de l'IA ✈□□

L'organisation de voyages **peut vite devenir une source de stress**. L'IA transforme désormais **la planification en une expérience fluide et optimisée.**

✅ **Planification de voyages sur mesure** : Des outils comme **Google Travel, Kayak ou Hopper** utilisent l'IA pour **proposer des itinéraires adaptés** à vos préférences.

✅ **Optimisation des coûts et des réservations** : L'IA **analyse les fluctuations de prix et anticipe les meilleures périodes pour réserver** un vol ou un hôtel.

✅ **Recommandations intelligentes** : L'IA suggère **des activités personnalisées en fonction de vos intérêts**, prenant en compte **le climat, la saison et les tendances locales.**

✅ **Assistants IA de voyage** : Des chatbots comme **ChatGPT, Perplexity ou Siri** vous aident **à trouver des infos en temps réel**, gérer vos réservations et éviter les imprévus.

L'IA peut contribuer à rendre l'organisation du voyage plus fluide et plus lisible, tout en laissant à chacun la liberté de ses choix et de ses découvertes.

Conclusion : l'IA, un compagnon incontournable de vos loisirs

Loin d'être un simple outil **réservé à la productivité**, l'intelligence artificielle s'impose **comme un acteur clé de nos moments de détente.** Grâce à elle :

🎬 **Nous découvrons plus facilement** les films, musiques et livres qui nous correspondent.

🎮 **Nos expériences de jeu sont plus immersives et dynamiques.**

✈️-□ **Nos voyages deviennent plus simples et mieux organisés.**

L'IA ne remplace pas **le plaisir de l'exploration et de la spontanéité**, mais elle **l'enrichit en nous guidant intelligemment vers des expériences qui nous correspondent.**

📌 **Dans les sections suivantes**, nous détaillerons **comment chaque domaine exploite l'IA pour sublimer nos loisirs**, avec **des exemples concrets et des conseils pratiques** pour profiter au maximum de ces technologies.

Préparez-vous à plonger dans un univers où l'IA devient votre guide ultime du divertissement ! 🚀🎭♪

Recommandations personnalisées : Films, Musique, Livres 🎬🎵🎮

L'intelligence artificielle **a bouleversé notre façon de découvrir et de consommer du contenu.** Fini les heures perdues à chercher **un bon film, une nouvelle playlist ou un livre captivant** : les systèmes de recommandation **anticipent désormais nos envies** et nous proposent **des choix sur-mesure.**

Grâce à des algorithmes avancés, ces outils analysent nos préférences **pour nous suggérer du contenu pertinent,** basé sur **nos habitudes, celles d'autres utilisateurs similaires et même nos émotions.**

Dans cette section, découvrons **comment fonctionne cette personnalisation intelligente, quels sont ses avantages et ses limites, et comment elle façonne nos choix culturels.**

1. Comment l'IA nous recommande du contenu ? 🔍

Les systèmes de recommandation utilisent **trois grandes méthodes** pour analyser nos goûts et nous proposer du contenu adapté :

✅ 1.1. Le filtrage collaboratif : "Les gens qui aiment ça aiment aussi..."

💡 **Principe** : Si vous avez aimé **un film, un livre ou une musique**, l'algorithme va repérer d'autres utilisateurs avec des goûts similaires et vous proposer ce qu'ils ont apprécié.

📌 **Exemple** :

- **Netflix** : Si vous avez regardé "Inception" et que d'autres fans du film ont aimé "Interstellar", Netflix vous le recommandera.
- **Amazon Kindle** : En fonction de vos achats, Amazon vous suggère des livres achetés par des profils similaires.

✔ 1.2. Le filtrage basé sur le contenu : "Si tu aimes ça, tu aimeras ça..."

💡 **Principe** : L'IA analyse **les caractéristiques d'un contenu (genre, style, tempo, thèmes)** et recommande des œuvres similaires.

📌 **Exemple** :

- **Spotify** : Analyse le rythme, la tonalité et les instruments d'une chanson pour suggérer des morceaux du même style.
- **YouTube** : Étudie les tags, la durée et la popularité des vidéos pour vous proposer du contenu aligné avec vos préférences.

✔ 1.3. Les systèmes hybrides : "Le meilleur des deux mondes"

💡 **Principe** : Combinaison des deux méthodes pour des recommandations plus précises et diversifiées.

📌 **Exemple** :

- **Amazon Prime Video** : Mixe vos choix personnels avec les tendances et les critiques d'autres utilisateurs.

- **Apple Music** : Analyse vos écoutes et celles d'utilisateurs ayant des goûts proches pour générer des playlists adaptées.

2. L'IA au service des plateformes de streaming 🎬🎧📖

Les plateformes de divertissement ont intégré **l'IA pour nous offrir une expérience ultra-personnalisée.**

🎬 2.1. Films et séries : Netflix, Disney+, Amazon Prime Video

✅ **Des interfaces personnalisées** : Netflix modifie **les affiches et descriptions** des films en fonction de votre profil.
✅ **Prédiction des tendances** : L'IA analyse **les habitudes de visionnage mondiales** pour anticiper les succès.
✅ **Optimisation du streaming** : L'algorithme ajuste la qualité vidéo **selon votre connexion internet** pour éviter les coupures.

💡 **Impact** : Une expérience **fluide, sur-mesure et immersive**, qui **facilite la découverte** tout en augmentant l'engagement des spectateurs.

🎵 2.2. Musique et podcasts : Spotify, Apple Music, Deezer

✅ **Playlists intelligentes** : "Discover Weekly" de Spotify crée **une sélection unique chaque semaine**, adaptée à vos goûts.
✅ **Analyse du contexte** : L'IA propose des morceaux **selon l'heure, la météo ou votre activité** (ex. "Morning Chill", "Workout Beats").
✅ **Recommandations basées sur l'audio** : Analyse des caractéristiques **tempo, tonalité, structure** pour trouver des chansons similaires.

💡 **Impact** : Moins d'efforts pour trouver **de nouveaux morceaux adaptés à chaque moment de la journée.**

📖 2.3. Livres et articles : Kindle, Goodreads, Medium

☑️ **Lecture intelligente** : Kindle adapte ses suggestions **en fonction du temps passé sur un livre, des passages surlignés ou des annotations.**

☑️ **Critiques et recommandations sociales** : Goodreads combine **avis, notes et tendances** pour suggérer des livres proches de vos goûts.

☑️ **Articles personnalisés** : Medium utilise l'IA pour **proposer des lectures adaptées à vos centres d'intérêt** en analysant vos précédentes lectures.

💡 **Impact** : Un accès facilité **à des lectures enrichissantes, alignées sur vos intérêts et habitudes.**

3. Les avantages et défis des recommandations IA ⚖️☐

☑️ Avantages

⏱️ **Gain de temps** : Plus besoin de fouiller pendant des heures, l'IA **fait le tri pour vous.**

🔎 **Découvertes facilitées** : Vous explorez **des contenus que vous n'auriez peut-être jamais trouvés** autrement.

✦ **Expérience fluide et agréable** : Un divertissement **sans friction**, toujours adapté à vos envies.

✖️ Défis et limites

☐ **Bulle de filtre** : L'IA nous enferme parfois dans **nos goûts existants**, limitant **la diversité culturelle.**

🍬 **Moins de spontanéité** : La "magie" de tomber **par hasard sur un film ou une chanson coup de cœur** peut disparaître.

☐☐ **Vie privée et données** : Les plateformes collectent

énormément d'informations sur nous. **Sommes-nous prêts à tout partager pour plus de confort ?**

4. Quel futur pour les recommandations IA ? 🚀

🔮 Des recommandations encore plus précises et interactives

✓ **Personnalisation émotionnelle** : L'IA pourra analyser **nos émotions en temps réel** (via notre voix, expressions faciales, rythme cardiaque) pour adapter les recommandations.

✓ **Systèmes plus transparents** : Vers des algorithmes **expliquant pourquoi ils suggèrent un contenu**, donnant **plus de contrôle aux utilisateurs.**

✓ **Expériences immersives** : Intégration avec la **réalité augmentée et la réalité virtuelle** pour des loisirs encore plus interactifs.

5. Conclusion : l'IA, un allié culturel... à manier avec intelligence

L'intelligence artificielle **rend nos loisirs plus fluides, plus immersifs et plus personnalisés.** Grâce à elle, nous **gagnons du temps**, découvrons plus facilement **des films, musiques et livres adaptés à nos goûts** et profitons **d'une expérience sur-mesure.**

Mais cette technologie soulève aussi des défis. **Sommes-nous encore maîtres de nos choix culturels ou nous laissons-nous guider sans réfléchir ?** Il est essentiel de **conserver un esprit critique**, d'explorer **en dehors des suggestions de l'IA** et de rester **ouverts à la diversité culturelle.**

📌 **L'IA doit être un guide, pas un filtre.** Utilisons-la **pour enrichir nos découvertes**, mais gardons la liberté **d'explorer le monde au-delà des algorithmes.**

☙ **Dans la prochaine section, nous verrons comment l'IA révolutionne aussi l'univers du jeu vidéo et du divertissement interactif.** Préparez-vous à **découvrir comment les jeux deviennent plus intelligents, immersifs et adaptatifs grâce à l'IA !** ♠♫

Jeux et divertissements : l'IA au service de l'immersion 🎮☐

L'intelligence artificielle (IA) a révolutionné le monde du jeu vidéo et du divertissement interactif. **Des personnages non-joueurs (PNJ) plus réalistes, des mondes générés en temps réel et des scénarios qui s'adaptent à nos choix** : l'IA crée des expériences **plus immersives, dynamiques et personnalisées** que jamais.

Découvrons ensemble **comment l'IA transforme l'univers du jeu**, des mécaniques de gameplay aux innovations technologiques qui façonnent l'avenir du divertissement.

1. Des personnages non-joueurs (PNJ) plus intelligents ☐☙

Les PNJ (Personnages Non-Joueurs) ne sont plus **des robots aux réactions prévisibles**. Grâce à l'IA, ils deviennent **réactifs, adaptatifs et capables d'interagir de manière plus naturelle** avec le joueur.

✅ **Comportements évolutifs** : Les PNJ **s'adaptent en temps réel aux décisions du joueur** et mémorisent leurs interactions.
☐ **Dialogues dynamiques** : L'IA génère **des conversations uniques et cohérentes** en fonction du contexte.
☐ **Apprentissage des actions du joueur** : Certains jeux permettent aux PNJ **de s'améliorer en observant les stratégies du joueur**.

💡 **Exemple :**

🎮 **Red Dead Redemption 2** : Les PNJ se souviennent des actions du joueur et réagissent différemment selon ses choix.

🎮 **AI Dungeon** : Un jeu narratif où l'IA génère des dialogues et des scénarios infinis basés sur les actions du joueur.

2. Des mondes générés à l'infini 🔲✨

L'IA permet **de créer automatiquement des environnements de jeu uniques** à chaque partie, sans qu'un développeur ne doive tout programmer manuellement.

✅ **Création procédurale** : Génération **automatique** de paysages, villes, quêtes et objets.

🚀 **Univers dynamiques** : Certains jeux **évoluent en fonction du comportement du joueur.**

🔲 **Quêtes et missions infinies** : L'IA peut créer **des objectifs personnalisés à chaque session de jeu.**

💡 **Exemple :**

🎮 **No Man's Sky** : Un univers avec **des milliards de planètes générées automatiquement**, chacune unique.

🎮 **Skyrim** : Son système de quêtes radiales **crée des missions adaptées au style de jeu du joueur.**

3. Un jeu qui s'adapte à vous 🎯💡

L'IA ajuste la difficulté **pour offrir une expérience équilibrée et stimulante.**

✅ **Mode dynamique** : L'IA analyse **votre niveau de compétence** et ajuste la difficulté en conséquence.

🔲 **Équilibrage des matchs multijoueurs** : Création d'équipes équilibrées **basées sur les performances des joueurs.**

💡 **Exemple :**

🎮 **Resident Evil 4** : L'IA ajuste **le nombre et la résistance des ennemis en fonction des performances du joueur.**

🎮 **Overwatch** : Son système de matchmaking **crée des parties équilibrées** en fonction du niveau des joueurs.

4. Des adversaires IA redoutables ☐ 🔥

L'IA est capable de **créer des adversaires qui apprennent et s'adaptent au joueur**, rendant les combats **plus stratégiques et imprévisibles.**

✅ **IA dans les jeux de stratégie : Les ennemis prennent des décisions intelligentes et prévoient vos coups.**

☐ **IA dans les jeux de combat** : Certains jeux **analysent le style de jeu du joueur** et créent un adversaire capable de le contrer.

💡 **Exemple :**

🎮 **AlphaGo** (DeepMind) : Une IA qui a battu **les meilleurs joueurs de Go du monde**, un exploit longtemps considéré comme impossible.

🎮 **Mortal Kombat 11** : Son mode IA permet de **créer des adversaires qui imitent le style de combat du joueur.**

5. Des histoires interactives et personnalisées 📖🎭

L'IA peut **modifier le scénario d'un jeu en fonction des décisions du joueur**, offrant une expérience unique à chaque partie.

✅ **Histoires adaptatives** : Vos choix influencent **directement le déroulement du jeu.**

☐☐ **Génération de dialogues en temps réel** : L'IA peut créer **des conversations et intrigues qui évoluent au fil du jeu.**

💡 **Exemple :**

🎮 **Detroit: Become Human** : Chaque choix modifie le scénario, menant à **plusieurs fins possibles.**

🎮 **AI Dungeon** : Une aventure textuelle où **l'IA invente en temps réel un monde basé sur vos décisions.**

6. Une IA au service des graphismes et du son 🎨🔊

L'IA améliore **la qualité visuelle et sonore** des jeux, rendant les expériences encore plus réalistes.

✅ **Amélioration graphique** : Les techniques comme **le DLSS (Deep Learning Super Sampling)** permettent **d'augmenter la résolution sans ralentir le jeu.**

✏️ **Voix et sons dynamiques** : Certains jeux utilisent **l'IA pour générer des voix naturelles et du son en temps réel.**

💡 **Exemple :**

🎮 **Control** (NVIDIA DLSS) : Un jeu qui utilise l'IA pour **afficher des graphismes en ultra-haute résolution sans perte de performance.**

🎮 **The Sims 4** : L'IA génère **des dialogues uniques en "Simlish"**, la langue fictive du jeu.

7. L'IA aide aussi les développeurs ☐☐🎮

L'IA ne sert pas seulement aux joueurs, elle **facilite aussi la création des jeux !**

✅ **Détection automatique des bugs** : Certains studios utilisent l'IA **pour repérer les erreurs avant la sortie d'un jeu.**

⚡ **Optimisation des performances** : L'IA analyse **les ressources du jeu pour améliorer la fluidité et la stabilité.**

💡 **Exemple :**

🎮 **Ubisoft "Commit Assistant"** : Un outil basé sur l'IA qui **prédit les bugs potentiels dans le code du jeu** avant même qu'ils n'apparaissent.

8. La Réalité Virtuelle et Augmentée s'améliore grâce à l'IA ☐☐☐

L'IA booste **l'immersion dans les mondes virtuels**, rendant l'interaction plus naturelle.

✅ **Interaction intuitive** : L'IA permet **de reconnaître les gestes et la voix** pour une expérience plus fluide.
🔎 **Environnements interactifs** : L'IA **adapte les objets et les personnages** en fonction des actions du joueur.

💡 **Exemple :**
🎮 **Pokémon GO** : Utilise l'IA pour **intégrer des Pokémon dans le monde réel de façon plus réaliste.**
🎮 **Half-Life: Alyx** : Un jeu VR qui **permet une interaction ultra-réaliste avec les objets.**

9. L'IA au service des jeux éducatifs et sérieux 🎓☐

L'IA est aussi utilisée **pour apprendre en jouant**, rendant l'éducation **plus interactive et efficace.**

✅ **Adaptation à l'élève** : Les jeux éducatifs **ajustent le niveau de difficulté selon les progrès de l'utilisateur.**
✈-☐ **Simulations réalistes** : L'IA permet **de créer des environnements immersifs pour la formation professionnelle.**

💡 **Exemple :**
🎮 **DuoLingo** : Utilise l'IA **pour personnaliser les leçons de langue** en fonction des erreurs et progrès de l'utilisateur.

10. Conclusion : L'IA rend les jeux plus vivants que jamais ! 🚀

L'intelligence artificielle **réinvente le monde du jeu vidéo :**
🎮 **Des personnages plus réalistes**

☐ **Des univers infinis**
🎭 **Des histoires interactives**
📊 **Un niveau de difficulté adaptatif**

Si l'IA améliore **l'immersion et la créativité**, elle soulève aussi des **questions sur la vie privée, l'équilibre des jeux et l'éthique de certaines mécaniques addictives.**

🏹 **Le futur du jeu vidéo est excitant, mais il appartient aussi aux joueurs de garder un regard critique et de profiter de cette révolution en toute conscience.** ☺

Planification de voyages et expériences : l'IA au service des globe-trotters

L'intelligence artificielle transforme la façon dont nous voyageons. **Trouver la meilleure destination, organiser un itinéraire personnalisé, éviter les imprévus** : grâce à l'IA, planifier un voyage n'a jamais été aussi simple et efficace.

Dans cette section, découvrons comment **l'IA facilite la préparation des voyages, améliore l'expérience des voyageurs et optimise les itinéraires** pour des séjours inoubliables. 🚀

1. Des assistants IA pour planifier vos voyages ☐☐✨

Oubliez les heures passées à comparer des centaines d'options !
L'IA analyse vos préférences et génère des plans de voyage sur mesure.

♢ **Analyse des préférences** : L'IA examine **vos voyages passés, vos recherches et avis en ligne** pour recommander des destinations adaptées.
☐☐ **Création d'itinéraires intelligents** : En quelques secondes,

l'IA propose **un plan de voyage optimisé**, tenant compte des distances, horaires et centres d'intérêt.

🐾 **Optimisation du budget** : L'IA identifie **les meilleures offres d'hôtels, de vols et d'activités en fonction de votre budget.**

💡 **Outils IA populaires :**

✦ **Layla (ex-Roam Around)** : Génère des itinéraires ultra-personnalisés en fonction de vos préférences.

✦ **Wonderplan** : Ajuste votre voyage en temps réel selon **la météo, les événements locaux ou vos envies.**

✦ **iPlan.ai** : Une appli intuitive pour organiser **chaque détail de votre séjour, du vol à l'hébergement.**

2. Un voyage personnalisé selon vos goûts 🎭☐☐⛰

L'IA ne se contente pas de planifier votre voyage : elle personnalise **chaque aspect de votre séjour**, du choix des hôtels aux expériences locales uniques.

✅ **Hébergements sur mesure** : L'IA filtre **les hôtels, Airbnb et auberges en fonction de vos critères (budget, confort, localisation).**

🍴 **Suggestions culinaires intelligentes** : En tenant compte **de vos préférences alimentaires et avis en ligne**, l'IA vous guide vers les meilleures tables.

☐☐ **Activités adaptées à vos envies** : Besoin d'adrénaline ? Envie de détente ? L'IA sélectionne **les attractions et excursions idéales pour vous.**

💡 **Exemples concrets :**

🎮 **Google Travel** : Un outil ultra-complet qui **crée des itinéraires automatiques en fonction de vos réservations** (vols, hôtels, restaurants).

❗ **Tripadvisor AI** : Analyse les avis d'autres voyageurs pour recommander **les expériences les mieux notées selon vos goûts.**

3. Itinéraires optimisés : moins de stress, plus de découvertes 🚶♂️□🕐

Grâce à l'IA, vos déplacements sont **plus fluides et mieux organisés**, évitant ainsi les pertes de temps et les imprévus.

□□ **Planification intelligente des trajets** : L'IA **optimise vos parcours** pour minimiser les temps de transport et maximiser le temps d'exploration.

📅 **Horaires et ouvertures en temps réel** : Fini les mauvaises surprises ! L'IA ajuste **vos visites en fonction des horaires d'ouverture et des affluences**.

🔍 **Navigation prédictive** : Google Maps et Citymapper utilisent l'IA **pour éviter les embouteillages et recommander le meilleur itinéraire en temps réel**.

💡 **Exemple concret :**
🚢 **Rome2Rio** : Compare **tous les modes de transport** (avion, train, bus, taxi) pour trouver l'option la plus rapide et économique.

5. L'IA et la prévision touristique 🔮📊

Les grandes plateformes de voyage exploitent **l'analyse prédictive** pour anticiper les tendances et améliorer l'expérience des voyageurs.

📈 **Tendances des destinations** : L'IA identifie **les endroits en vogue** en analysant **les recherches et réservations en ligne**.

□□ **Gestion des flux touristiques** : Les villes utilisent l'IA **pour éviter la surfréquentation** et promouvoir des alternatives moins touristiques.

💰 **Prix dynamiques** : Les compagnies aériennes et hôtelières ajustent **leurs tarifs en temps réel** en fonction de la demande.

💡 **Exemples concrets :**
□ **Skyscanner** : Utilise l'IA **pour prédire les périodes où les**

billets d'avion seront les moins chers.

🖅 **Airbnb Smart Pricing** : Ajuste automatiquement **les prix des locations en fonction de la demande.**

4. Assistance en temps réel : l'IA veille sur vous 📱👤✈️☐

Pendant votre voyage, l'IA devient un **assistant personnel toujours disponible** pour vous aider à gérer les imprévus.

✅ **Alertes instantanées** : En cas de vol retardé, **l'IA vous notifie immédiatement** et propose des solutions alternatives.

💬 **Chatbots touristiques** : De nombreuses applications hôtelières proposent **des assistants IA pour répondre à vos questions 24/7.**

☐☐ **Traduction en temps réel** : Google Translate utilise l'IA **pour briser la barrière de la langue en temps réel**, idéal pour interagir avec les locaux.

💡 **Outils IA utiles en voyage :**

📌 **TripIt** : Agrège **toutes vos réservations** (vols, hôtels, activités) en un seul endroit.

📌 **iTranslate** : Traduit **texte, voix et menus** en temps réel pour faciliter la communication.

6. L'IA pour un tourisme plus responsable 🌿♻️☐

L'IA peut également encourager un tourisme **plus durable et respectueux de l'environnement.**

✅ **Réduction des émissions carbone** : Google Flights affiche **les trajets les moins polluants.**

🌿 **Tourisme responsable** : Des applications recommandent **des expériences locales authentiques et éthiques.**

🚲 **Mobilité verte** : L'IA favorise **les modes de transport écologiques** (vélos, trains, covoiturage).

💡 **Exemple concret :**
☐ **FairTrip** : Met en avant **les hébergements et activités qui soutiennent les communautés locales.**

7. Défis et limites de l'IA dans le voyage ⚠️☐☐

Malgré ses nombreux avantages, l'IA soulève aussi des **questions éthiques et pratiques.**

🔒 **Vie privée et données personnelles** : **L'IA collecte énormément de données**, d'où l'importance de sécuriser ses informations.
☐ **Dépendance excessive** : S'appuyer trop sur l'IA peut **limiter la spontanéité et la découverte par soi-même.**
☞ **Biais algorithmiques** : Les recommandations IA peuvent **favoriser toujours les mêmes destinations et enseignes**, au détriment des expériences locales.

💡 **Bonnes pratiques :**
✅ Vérifiez **les avis humains** en complément des recommandations IA.
✅ Privilégiez **des plateformes transparentes sur l'usage des données personnelles.**
✅ Alternez **entre planification intelligente et découvertes spontanées** !

8. Conclusion : un compagnon de voyage puissant, mais à utiliser avec équilibre ☐☐

L'IA a radicalement simplifié **la planification des voyages**, en **personnalisant les itinéraires, optimisant les coûts et offrant une assistance en temps réel.** Mais **voyager, c'est aussi l'imprévu, la découverte et la spontanéité** !

🚀 **L'IA doit être un guide, pas un pilote automatique.** Pour tirer le meilleur parti de ces outils tout en préservant **l'essence du**

voyage, il suffit de trouver le bon équilibre entre **planification et aventure.**

Bon voyage... et laissez l'IA vous ouvrir de nouvelles routes, sans oublier de vous perdre un peu en chemin ! ☐✦⁺

Conclusion du chapitre 5 : L'IA, un compagnon de loisirs aussi fascinant qu'innovant

L'intelligence artificielle occupe désormais une place importante dans de nombreux loisirs, en facilitant l'accès à des contenus culturels, à des expériences de jeu plus riches et à des outils d'organisation pour les voyages.

🚀 Une révolution dans notre façon de nous divertir

🏹 Des recommandations ultra-personnalisées :
L'IA nous aide à naviguer dans l'immensité du contenu disponible. **Films, séries, musiques, livres** : nous avons accès à des recommandations précises, adaptées à nos goûts. Un confort indéniable, mais qui nous enferme parfois dans des "bulles de filtres".

🏹 Des jeux vidéo plus immersifs et dynamiques :
Des **PNJ intelligents**, des **mondes ouverts générés par IA**, des jeux qui **s'adaptent en temps réel** à nos compétences... L'IA pousse le gaming vers de **nouvelles frontières** et nous plonge dans des expériences toujours plus captivantes.

🏹 Une planification de voyages facilitée :
Avec des outils IA comme **Layla, Wonderplan ou Google Travel**, organiser un voyage devient **fluide et sur-mesure**. Mais l'enjeu reste de **garder de la spontanéité**, pour ne pas tout laisser aux algorithmes.

⚖️🗑 Opportunités et défis : un équilibre à trouver

💡 Opportunités :

✅ Une **expérience plus intuitive et fluide**, qui facilite nos choix.

✅ Des **loisirs plus accessibles**, adaptés à nos préférences et besoins.

✅ Des innovations **toujours plus immersives** et interactives.

⚠️🗑 Défis :

✖ **Dépendance à la technologie** : Laisser trop d'autonomie à l'IA peut limiter notre créativité et nos découvertes spontanées.

✖ **Vie privée et collecte de données** : Nos préférences sont enregistrées, analysées et exploitées. La transparence des algorithmes devient essentielle.

✖ **Uniformisation culturelle** : Les recommandations basées sur nos habitudes nous exposent moins à la diversité des œuvres et expériences.

🔮 L'avenir : des loisirs toujours plus connectés et immersifs

L'IA va continuer à évoluer, nous offrant :

◆ **Une hyper-personnalisation** toujours plus fine, anticipant nos envies avant même qu'on en ait conscience.

◆ **Des expériences immersives en réalité augmentée et virtuelle**, nous transportant dans des mondes toujours plus interactifs.

◆ **Un rôle croissant dans l'organisation du quotidien**, simplifiant nos décisions pour que nous puissions mieux profiter du temps libre.

L'IA est un outil formidable **pour enrichir nos loisirs et nous faire gagner du temps**. Mais elle ne doit pas remplacer **l'intuition, la curiosité et la spontanéité** qui font la magie du divertissement.

🚀 **L'intelligence artificielle peut enrichir nos loisirs si elle est utilisée avec discernement.** Elle doit rester un outil d'accompagnement, et non un substitut à la curiosité, à la spontanéité et au plaisir de la découverte personnelle. 🎭🎮📚✈️🗆

Chapitre 6 : Apprentissage et formation continue 🎓📖

L'intelligence artificielle modifie progressivement les pratiques en matière d'éducation et de formation continue, en proposant des outils capables de personnaliser certains contenus et d'accompagner les parcours d'apprentissage. Que ce soit pour l'auto-apprentissage, le perfectionnement professionnel ou l'acquisition de nouvelles compétences, elle **constitue aujourd'hui un soutien complémentaire aux méthodes traditionnelles.**

Dans cette section, nous verrons comment l'IA intervient dans l'apprentissage à travers les plateformes éducatives, les tuteurs virtuels et l'analyse des performances, tout en abordant les défis et les perspectives de l'éducation assistée par l'IA.

(Aujourd'hui, la Corée du Sud a inauguré à la rentrée scolaire de 2025 une nouvelle éducation personnalisée assistée par l'IA)

📚 1. L'IA comme professeur personnalisé : l'éducation sur mesure

Les systèmes éducatifs traditionnels appliquent souvent une approche unique pour tous les élèves. L'IA change la donne en **adaptant les contenus et le rythme d'apprentissage aux besoins spécifiques de chaque apprenant.**

💡 Apprentissage adaptatif

L'IA peut analyser les progrès d'un apprenant et proposer des ajustements de contenu afin de mieux correspondre à son niveau et à son rythme d'apprentissage.

◆ Exemple : Duolingo et l'apprentissage des langues

- L'application ajuste les exercices en fonction des erreurs récurrentes et du rythme d'apprentissage de chaque utilisateur.
- Des modèles d'IA analysent les forces et faiblesses et proposent des révisions ciblées.

◆ Exemple : Coursera et Udemy

- Ces plateformes utilisent l'IA pour recommander des cours pertinents en fonction des intérêts et objectifs professionnels de l'apprenant.
- Les quiz et évaluations sont adaptés dynamiquement en fonction des réponses.

☞ Impact : un apprentissage plus efficace et moins frustrant

✅ **Progression accélérée** grâce à des contenus ciblés.

✅ **Meilleure rétention des connaissances** avec des exercices adaptés.

✅ **Expérience plus motivante** en évitant la surcharge d'informations.

☐ 2. Tuteurs virtuels et assistants d'apprentissage

📌 Tuteurs IA et feedback instantané

Les tuteurs IA offrent un **accompagnement interactif et réactif**, rendant l'apprentissage plus fluide et engageant.

◆ Exemple : ChatGPT comme outil d'accompagnement pédagogique

• Il peut expliquer des notions, reformuler des consignes et proposer des exercices d'entraînement.

• Il s'adapte au niveau de compréhension de l'utilisateur, sans se substituer à l'enseignant.

◆ **Exemple : Scribe et Grammarly pour l'écriture**

- Ces outils analysent les textes et fournissent des suggestions grammaticales et stylistiques adaptées au contexte.
- L'IA aide à affiner le style et la clarté des écrits académiques et professionnels.

🎯 **Impact : un apprentissage mieux adapté à chaque étudiant**
✅ **Accès illimité** à une aide pédagogique.
✅ **Feedback immédiat** pour s'améliorer en temps réel.
✅ **Réduction de la charge des enseignants**, leur permettant de se concentrer sur l'accompagnement humain.

📊 3. Analyse des performances et recommandations personnalisées

L'IA va **au-delà de la simple correction** en analysant les performances des apprenants et en identifiant les **modèles d'apprentissage**.

🔍 Évaluation et suivi des progrès

◆ **Exemple : Smart Sparrow**

- Cet outil analyse les interactions des étudiants avec les leçons et adapte le contenu en conséquence.
- Il détecte les concepts mal assimilés et propose des exercices ciblés.

◆ **Exemple : Khan Academy**

- L'IA suit la progression des élèves et propose des vidéos ou exercices pour renforcer les points faibles.
- Les enseignants peuvent voir des rapports détaillés sur les performances des élèves et adapter leur pédagogie.

🎯 **Impact : un apprentissage optimisé pour chaque étudiant**

✅ **Identification des points faibles** pour une révision ciblée.

✅ **Suivi personnalisé** pour un apprentissage plus efficace.

✅ **Meilleure orientation** vers des parcours éducatifs adaptés.

⚠️ 4. Défis et limites de l'IA dans l'éducation

Bien que l'IA offre **des opportunités incroyables**, elle soulève aussi des **questions et défis** qui méritent attention.

✖ 1. Manque d'interaction humaine

L'apprentissage ne repose pas seulement sur l'acquisition de connaissances, mais aussi sur **l'échange, la communication et l'intelligence émotionnelle.**

💡 **Solution** : L'IA doit être un **outil complémentaire**, pas un substitut aux enseignants et aux interactions sociales.

✖ 2. Dépendance excessive à la technologie

Certains apprenants pourraient être tentés de s'appuyer excessivement sur l'IA, au détriment du développement de leur esprit critique.

💡 **Solution** : Encourager une utilisation responsable et équilibrée des outils IA.

✖ 3. Biais algorithmiques et uniformisation des apprentissages

L'IA apprend à partir de **données existantes**, qui peuvent refléter des **biais culturels ou socio-économiques.**

💡 **Solution** : Améliorer la diversité des données utilisées pour entraîner les modèles.

✖ 4. Protection des données personnelles

L'IA collecte **d'énormes quantités de données** sur les apprenants. Comment garantir leur sécurité et confidentialité ?

♥ Solution : Appliquer des **réglementations strictes (RGPD, protection des données)** et permettre aux utilisateurs de contrôler leurs informations.

♟ 5. L'avenir de l'apprentissage assisté par IA

L'IA dans l'éducation ne fait que commencer ! Voici quelques évolutions à venir :

🚀 Apprentissage immersif avec la réalité augmentée (RA) et la réalité virtuelle (RV)

♦ Cours de sciences avec **des dissections virtuelles en 3D.**
♦ Immersion linguistique en **VR pour pratiquer une langue étrangère** en contexte.

🚀 IA et émotions : vers un apprentissage plus humain

♦ Des IA capables de **détecter la frustration ou l'ennui** et d'adapter leur pédagogie.
♦ Des assistants vocaux qui **ajustent leur ton** selon l'engagement de l'élève.

🚀 Vers des parcours d'apprentissage plus personnalisés
♦ Des parcours adaptables combinant outils d'IA et pédagogie humaine.
♦ Des systèmes capables d'identifier certaines difficultés et de proposer des pistes de remédiation.

☝ Conclusion : L'IA, un levier puissant pour apprendre mieux et plus vite

L'IA **redéfinit les méthodes d'apprentissage**, rendant l'éducation **plus flexible, interactive et efficace**. Grâce à ses capacités de

personnalisation, d'adaptation et d'analyse, elle permet d'apprendre **au bon rythme, avec le bon contenu, au bon moment.**

Cependant, son rôle **ne doit pas remplacer l'humain** : l'apprentissage reste un processus social et émotionnel. L'avenir de l'éducation passera par un **équilibre entre intelligence artificielle et intelligence humaine**, pour offrir aux apprenants le meilleur des deux mondes.

✦ **L'IA ne remplacera jamais la curiosité, la passion et l'envie d'apprendre. Mais elle peut les amplifier et les guider. 📚📖**

Gestion du temps et des habitudes avec l'IA

Dans un contexte marqué par de nombreuses sollicitations, l'intelligence artificielle peut constituer un soutien pour mieux organiser son temps et réfléchir à ses habitudes, à condition d'être utilisée de manière mesurée.

Grâce à l'IA, nous pouvons mieux organiser nos journées, prioriser nos tâches et améliorer notre productivité tout en évitant la surcharge mentale.

Dans cette section, nous allons explorer **comment l'IA peut nous aider à mieux gérer notre emploi du temps, automatiser certaines tâches et renforcer notre discipline personnelle.**

1. Optimisation de la gestion du temps grâce à l'IA □

L'un des plus grands défis du développement personnel est la gestion efficace du temps. L'IA offre des outils capables de nous aider à mieux organiser nos journées et à utiliser notre temps de manière plus stratégique.

▦ a) Planificateurs intelligents et assistants virtuels

Les applications basées sur l'IA analysent nos habitudes et nos préférences pour optimiser notre emploi du temps.

◈ Exemple : Google Calendar & Motion

- Google Calendar utilise l'IA pour suggérer automatiquement des créneaux de réunion optimaux en fonction des disponibilités des participants.
- Motion planifie les journées de manière dynamique, en réorganisant les tâches selon les priorités et les imprévus.

◈ Exemple : Microsoft Viva Insights

- Analyse l'emploi du temps et recommande des périodes de concentration, des pauses et des moments de déconnexion pour éviter le surmenage.

⌖ Impact : gain de temps et meilleure concentration

✓ **Moins de charge mentale**, car l'IA s'occupe de la planification.

✓ **Meilleure gestion des priorités** grâce à des suggestions intelligentes.

✓ **Moins d'oublis** grâce aux rappels et aux réajustements automatiques.

✦ b) Automatisation des tâches répétitives

L'IA peut nous aider à éviter la perte de temps en automatisant certaines tâches.

◈ Exemple : Zapier et Notion AI

- Zapier permet d'automatiser des tâches entre différentes applications (exemple : enregistrer automatiquement les emails importants dans une to-do list).

- Notion AI peut résumer des notes, générer des comptes rendus et organiser des idées en quelques secondes.

◆ Exemple : ChatGPT pour la gestion des emails

- Peut rédiger des réponses automatiques ou résumer les échanges importants pour éviter de passer des heures à trier sa boîte mail.

☞ **Impact : plus de temps pour les tâches à forte valeur ajoutée**
✅ **Réduction des interruptions** en évitant les tâches chronophages.
✅ **Meilleure efficacité** grâce à l'automatisation des processus répétitifs.

2. Développement d'habitudes et gestion des objectifs ☞

L'IA peut également être un coach personnel, nous aidant à adopter et maintenir de bonnes habitudes.

💡 a) Suivi des habitudes et motivation personnalisée

Les applications intelligentes utilisent l'IA pour analyser nos comportements et nous proposer des stratégies adaptées.

◆ Exemple : Habitica – la productivité gamifiée

- Transforme la gestion des habitudes en un jeu, où chaque tâche accomplie fait progresser un avatar et débloque des récompenses virtuelles.

◆ Exemple : Streaks & Fabulous

- Streaks suit la répétition des bonnes habitudes et encourage leur maintien.

- Fabulous combine IA et psychologie comportementale pour aider à établir des routines saines.

🎯 **Impact : maintien des bonnes habitudes**
✅ **Renforcement positif** grâce aux rappels et à la gamification.
✅ **Personnalisation des objectifs** en fonction des progrès et des difficultés de l'utilisateur.

🏦 b) Analyse des schémas et correction des mauvaises habitudes

L'IA peut détecter des schémas problématiques et proposer des ajustements.

◆ **Exemple : RescueTime – analyse du temps passé en ligne**

- Suit automatiquement les applications et sites utilisés pour identifier les sources de distraction.
- Propose des ajustements pour améliorer la gestion du temps.

◆ **Exemple : Sleep Cycle – optimisation du sommeil**

- Analyse les cycles de sommeil et recommande des ajustements pour une meilleure récupération.

🎯 **Impact : prise de conscience et auto-amélioration**
✅ **Meilleure gestion des distractions** et des comportements improductifs.
✅ **Optimisation du bien-être** grâce à des recommandations sur mesure.

3. Réduction du stress et optimisation de la concentration 🧘‍♂️

L'IA peut nous aider à mieux gérer notre énergie et notre concentration pour éviter l'épuisement mental.

☐ a) Focus et gestion des interruptions

L'IA peut limiter les distractions et améliorer notre capacité de concentration.

✦ Exemple : Forest – rester concentré

- Encourage la concentration en bloquant certaines applications et en récompensant le temps passé sans distractions.

✦ Exemple : Freedom – blocage des distractions

- Permet de bloquer temporairement les sites et applications non productifs.

☞ **Impact : meilleure productivité et moins de distractions**
✅ **Plus de discipline** avec des outils qui réduisent les tentations numériques.
✅ **Moins de surcharge cognitive**, car l'IA filtre les notifications inutiles.

❀ b) Gestion du stress et relaxation

L'IA peut détecter les signes de stress et proposer des exercices adaptés.

✦ Exemple : Calm et Headspace – méditation guidée intelligente

- Utilisent l'IA pour personnaliser les séances en fonction des niveaux de stress détectés.

✦ Exemple : Spire Stone – analyse de la respiration

- Un capteur qui mesure la respiration et recommande des exercices pour réduire le stress.

🎯 **Impact : bien-être amélioré et prévention du burnout**

✅ **Réduction du stress** grâce à des recommandations en temps réel.

✅ **Amélioration du sommeil et de la gestion des émotions.**

4. Défis et limites de l'IA dans la gestion du temps et des habitudes ⚠️☐

Bien que l'IA soit un formidable outil, elle présente **quelques défis et limites**.

✘ a) Surcharge de notifications et d'outils

L'IA peut parfois **générer trop de rappels et de suggestions**, ce qui peut être contre-productif.

💡 **Solution** : Choisir des outils qui permettent une personnalisation des notifications.

✘ b) Dépendance excessive à la technologie

Trop compter sur l'IA peut nuire à **notre capacité à organiser notre temps de manière autonome**.

💡 **Solution** : Utiliser l'IA comme **un assistant**, mais continuer à développer ses propres stratégies de gestion du temps.

✘ c) Protection des données et confidentialité

Les applications basées sur l'IA collectent **de nombreuses données personnelles**, soulevant des questions de confidentialité.

💡 **Solution** : Utiliser des outils sécurisés et bien lire les politiques de confidentialité.

💡 5. L'avenir de la gestion du temps assistée par l'IA 🚀

L'IA dans la gestion du temps et des habitudes **va continuer à évoluer** pour devenir encore plus performante.

✦ Prédictions intelligentes

L'IA pourra anticiper nos besoins **avant même que nous en soyons conscients** (exemple : bloquer du temps pour une pause en fonction du niveau de fatigue détecté).

✦ Assistants IA conversationnels avancés

Des **assistants intelligents plus évolués** pourraient agir comme de véritables coachs personnels, nous guidant dans notre gestion du temps et de nos objectifs.

✦ IA et neuroscience

L'IA pourrait être combinée aux neurosciences pour optimiser encore plus **la productivité, la concentration et le bien-être mental**.

⚙ Conclusion : L'IA, un coach personnel pour optimiser nos journées

L'IA offre **des outils puissants pour mieux gérer notre temps, automatiser les tâches et renforcer nos habitudes**. Grâce à ces avancées, il devient plus facile de **rester organisé, d'éliminer les distractions et de cultiver des habitudes bénéfiques**.

Cependant, il est essentiel de **trouver un équilibre** entre l'utilisation de ces technologies et notre propre capacité à gérer notre temps. L'IA doit être un **assistant, pas un maître**.

En l'utilisant de manière intelligente, nous pouvons reprendre le contrôle de notre emploi du temps et mener une vie plus productive, équilibrée et épanouissante. ☐ 💡 🚀

Créativité et résolution de problèmes avec l'IA

L'intelligence artificielle n'est plus uniquement utilisée pour la productivité. Elle peut également soutenir certains processus créatifs et aider à explorer de nouvelles pistes dans la résolution de problèmes.

Dans cette section, nous allons explorer **comment l'IA stimule la créativité, améliore notre capacité à résoudre des problèmes et nous aide à repousser les limites de l'imagination.**

1. L'IA comme assistant créatif 🎭

L'IA est devenue un outil indispensable pour les créateurs, que ce soit en **musique, art, écriture ou design**.

♪ a) IA et musique : Composition assistée

L'IA est capable de générer de la musique originale et d'aider les artistes à composer de nouveaux morceaux.

◈ Exemple : AIVA (Artificial Intelligence Virtual Artist)

- AIVA compose de la musique en analysant des œuvres classiques et en générant de nouvelles compositions basées sur ces modèles.
- Les musiciens peuvent l'utiliser pour trouver de l'inspiration ou compléter une œuvre existante.

◈ Exemple : Amper Music

- Amper permet aux créateurs de produire des musiques libres de droits adaptées à leurs vidéos ou podcasts en quelques clics.

🎯 **Impact : Création rapide et exploration de nouveaux styles**
✅ Aide les artistes à surmonter le **syndrome de la page blanche.**
✅ Facilite l'expérimentation de **nouvelles sonorités et genres musicaux.**

🎨 b) IA et art : Génération d'images et de designs

L'IA permet de **créer des œuvres visuelles uniques,** servant aussi bien les artistes que les designers.

◆ Exemple : DALL·E & Midjourney

- Ces outils permettent de générer des images à partir de descriptions textuelles, ouvrant des possibilités infinies pour les artistes et les graphistes.

◆ Exemple : Runway ML

- Permet aux créateurs de générer des visuels et d'appliquer des effets artistiques à des images et vidéos grâce à l'apprentissage automatique.

🎯 **Impact : Augmentation de la productivité artistique**
✅ **Facilite la création** d'illustrations et de concepts visuels rapidement.
✅ **Encourage l'expérimentation** avec des styles artistiques variés.

📝 c) IA et écriture : Génération de contenu et inspiration

L'IA peut **aider à rédiger du contenu,** que ce soit des articles, des scénarios ou de la fiction.

◆ Exemple : ChatGPT et Jasper AI

- Peuvent rédiger des articles, proposer des idées de narration et générer du dialogue pour des romans ou scripts.

◆ **Exemple : Sudowrite**

- Spécialisé dans l'aide aux écrivains, ce programme propose des suggestions et améliore le style d'un texte.

☞ **Impact : Accompagnement et accélération du processus d'écriture**

✓ Permet de **débloquer l'inspiration** en générant des idées nouvelles.

✓ **Améliore le style et la cohérence** des écrits grâce à des suggestions adaptées.

🎭 d) IA et cinéma : Aide au montage et aux effets spéciaux

L'IA révolutionne la production audiovisuelle en facilitant le **montage vidéo et la création d'effets spéciaux**.

◆ **Exemple : Deep Dream & Runway ML**

- Ces outils permettent d'appliquer des effets artistiques et de générer des animations complexes.

◆ **Exemple : Adobe Sensei**

- Utilisé par Adobe Premiere Pro, il aide à améliorer automatiquement l'éclairage et la composition des vidéos.

☞ **Impact : Simplification du processus de création**

✓ Accélère le **montage et la post-production**.

✓ **Ouvre de nouvelles possibilités** en effets spéciaux et animation.

2. L'IA dans la résolution de problèmes 🔍

L'IA excelle également dans l'**analyse de données complexes et l'identification de solutions innovantes**.

💡 a) IA et brainstorming : Génération d'idées

L'IA peut être un excellent **partenaire de brainstorming**, en proposant des idées nouvelles et en stimulant la réflexion.

◆ Exemple : ChatGPT & MindMeister

- Aident à structurer et enrichir des idées en générant différentes perspectives sur un sujet.

◆ Exemple : Ideanote

- Une plateforme qui utilise l'IA pour aider les équipes à innover en proposant des idées basées sur des tendances et des analyses de marché.

☞ **Impact : Boost de la créativité collective**
✓ **Accélère le processus d'idéation** en proposant rapidement des pistes nouvelles.
✓ **Favorise la diversité des idées** en explorant plusieurs scénarios possibles.

☐ b) IA et innovation scientifique

L'IA est utilisée pour **analyser des volumes massifs de données scientifiques** et accélérer la découverte de solutions.

◆ Exemple : AlphaFold (DeepMind)

- A révolutionné la biologie en **prévoyant la structure des protéines**, ouvrant la voie à de nouvelles avancées médicales.

◆ **Exemple : IBM Watson**

- Utilisé pour l'**analyse de données médicales**, permettant d'identifier des traitements plus efficaces pour certaines maladies.

☞ **Impact : Révolution dans la recherche et la médecine**
✅ **Accélère les découvertes scientifiques** grâce à l'analyse rapide des données.
✅ **Réduit les erreurs humaines** en offrant une précision inégalée.

☐ c) IA et résolution de problèmes complexes

L'IA peut nous aider à **prendre des décisions plus éclairées** en analysant des scénarios complexes.

◆ **Exemple : GPT-4 pour la gestion de projet**

- Aide à **simuler différents scénarios** et à proposer des solutions optimales.

◆ **Exemple : Google DeepMind & jeux stratégiques**

- L'IA est capable de **résoudre des problèmes complexes** en apprenant à jouer à des jeux comme les échecs et le Go.

☞ **Impact : Amélioration de la prise de décision**
✅ **Analyse des options possibles** et propose des solutions adaptées.
✅ **Réduction des biais cognitifs**, en basant ses décisions sur des données objectives.

3. Défis et considérations éthiques ⚠️☐

Malgré son potentiel, l'IA dans la créativité et la résolution de problèmes **soulève des questions importantes**.

✖ a) Originalité et dépendance

Les créateurs risquent de **devenir trop dépendants de l'IA**, réduisant leur originalité.
💡 **Solution** : Utiliser l'IA comme un **assistant**, mais conserver une approche humaine.

✖ b) Biais algorithmiques

Les algorithmes peuvent **reproduire des biais culturels ou sociaux**, influençant la créativité.
💡 **Solution** : Vérifier et **diversifier les sources de données** utilisées par l'IA.

✖ c) Protection de la propriété intellectuelle

L'IA peut générer des œuvres similaires à celles déjà existantes, posant des **problèmes de droits d'auteur**.
💡 **Solution** : Mieux **réglementer l'utilisation des œuvres générées par IA**.

4. L'avenir de la créativité et de la résolution de problèmes avec l'IA 🚀

L'avenir de l'IA dans ces domaines est prometteur :

✅ **IA et réalité augmentée (RA) & virtuelle (RV)** : Combiner IA et RA/RV pour créer des expériences immersives inédites.
✅ **Assistants créatifs avancés** : L'IA pourrait devenir un véritable co-créateur, capable d'interagir en temps réel avec les artistes et les innovateurs.

✅ **IA et éducation** : Enseigner la pensée créative et la résolution de problèmes assistée par IA dans les écoles.

🎯 Conclusion : L'IA, un outil d'inspiration et d'innovation

L'IA est **bien plus qu'un simple automate** : elle **stimule la créativité et aide à résoudre des problèmes complexes**. Elle permet aux artistes, chercheurs et innovateurs de **repousser les limites de l'imagination**, tout en offrant un support précieux pour l'analyse et la prise de décision.

L'IA doit rester un **outil complémentaire à l'intelligence humaine**, non un substitut. **Utilisée avec discernement**, elle nous permet d'explorer **de nouvelles dimensions de la créativité et de l'innovation**. 🪐✨🔲🚀

Créativité et résolution de problèmes : comment l'IA stimule l'innovation

L'intelligence artificielle (IA) devient un **moteur puissant** de la créativité et de la résolution de problèmes, offrant des outils qui enrichissent notre imagination et nous aident à surmonter des défis complexes. Loin de remplacer l'ingéniosité humaine, l'IA agit comme un **assistant créatif**, un **accélérateur d'innovation** et un **facilitateur de solutions**.

🔲🔲 L'IA : un catalyseur de créativité

🔲💡 Génération d'idées et brainstorming

Les outils comme **ChatGPT** ou **Midjourney** offrent **de nouvelles perspectives** pour le brainstorming et la génération d'idées. Ces systèmes peuvent produire **des milliers d'idées** en quelques secondes, stimulant ainsi l'**exploration rapide** de concepts novateurs.

♪♪♪ En musique, 🎨 en art ou en 🏢 marketing, l'IA est déjà utilisée pour créer **des compositions uniques,** des designs innovants et même **des campagnes publicitaires captivantes.**

☐ Pensée divergente et associations inattendues

L'IA **excelle à combiner** des concepts éloignés, aidant ainsi à **sortir des sentiers battus.** Par exemple, des designers utilisent l'IA pour imaginer des **formes hybrides inédites,** comme une chaise inspirée d'un papillon ☐ et d'un éléphant 🐘.

📈 Augmentation des capacités créatives

Loin de **remplacer** l'artiste ou le designer, l'IA devient un **assistant inspirant** :
✔ Elle propose **des harmonies musicales innovantes** 🎼
✔ Elle teste **des palettes de couleurs inattendues** 🎨
✔ Elle suggère **des structures narratives originales** 📖

Grâce à ces outils, les créateurs peuvent **explorer des idées plus vite et plus largement.**

☐ L'IA et la résolution de problèmes

📊 Analyse des données et détection de tendances

L'IA peut **analyser des milliers d'informations en un instant** pour repérer **des schémas et tendances cachés.** Dans la finance, la recherche scientifique ou le marketing, elle aide à **anticiper des évolutions** et à **optimiser les prises de décision.**

☐☐ Simulation et modélisation prédictive

Grâce à des **modèles d'IA avancés**, il est possible de tester des solutions **avant leur mise en œuvre**. En **ingénierie**, en **urbanisme** ou en **gestion des risques**, ces simulations facilitent des choix plus sûrs et plus efficaces.

⚙️ Optimisation des processus

L'IA peut aider à **simplifier et accélérer** de nombreuses tâches en identifiant **les blocages et inefficacités**.
💼 Dans la gestion de projet
🚚 Dans la logistique
🏭 Dans la production

Elle permet ainsi de **gagner du temps** et d'**éviter les erreurs**.

☐ Comment intégrer l'IA dans le processus créatif ?

☐💻 Collaboration homme-machine

L'IA ne remplace pas l'intuition et la sensibilité humaines, mais les **enrichit**. L'idée n'est pas de **déléguer la création**, mais d'**utiliser l'IA comme un outil complémentaire** pour amplifier notre imagination.

☐ Expérimentation et itérations rapides

L'IA permet de **tester plusieurs versions** d'une idée en quelques secondes ☐.
☐☐ En graphisme, elle génère **des déclinaisons variées d'un design**.
✍️☐ En écriture, elle propose **des variantes de style et de structure**.

☮️ Personnalisation et adaptation

Les outils **s'adaptent aux préférences de chaque utilisateur**, proposant **des suggestions sur mesure** qui respectent sa vision artistique ou professionnelle.

⚠☐ Les défis et limites de l'IA dans la créativité

⚔☐ Originalité et propriété intellectuelle

L'IA pose la question de **la paternité des œuvres**:
☐ Une création générée par une IA appartient-elle à son utilisateur ?
? Où se situe la frontière entre **assistance et création autonome** ?

☐ Dépendance excessive à la technologie

S'appuyer uniquement sur l'IA **peut freiner** l'innovation humaine. L'IA doit rester **un outil complémentaire** et non un **remplaçant de la créativité humaine**.

☐ Biais et équité

Les algorithmes d'IA sont **entraînés sur des bases de données existantes** et peuvent reproduire des biais culturels. Il est essentiel d'utiliser ces outils **avec discernement et esprit critique**.

🚀 L'avenir de la créativité et de la résolution de problèmes assistées par l'IA

☐ IA générative encore plus avancée

Les futurs modèles seront **plus intuitifs et interactifs**, proposant une **collaboration fluide** entre l'humain et la machine.

☐☐ Fusion avec la réalité augmentée et virtuelle

L'IA combinée à **la réalité augmentée (RA) et virtuelle (RV)** offrira **des expériences immersives**, permettant d'explorer **de nouveaux univers visuels et interactifs.**

🔍 Vers une IA plus transparente et explicable

Les prochains outils d'IA devront **expliquer leurs suggestions,** évitant ainsi l'effet de **"boîte noire"** qui limite la compréhension humaine.

✨ Conclusion : l'IA, un levier d'innovation à exploiter intelligemment

L'IA **ne remplace pas** la créativité humaine, mais elle l'**augmente,** l'**accélère** et l'**enrichit.** Grâce à ses capacités d'**analyse**, de **suggestion** et d'**optimisation**, elle ouvre **des horizons inédits** dans **l'art, le design, la stratégie et la résolution de problèmes.**

✅ **Elle stimule notre inspiration** 💡
✅ **Elle nous aide à surmonter des défis** ☐
✅ **Elle booste notre efficacité** ⚡

Cependant, **un équilibre est nécessaire** : l'IA est **un outil**, pas une **substitution** à la réflexion et à l'ingéniosité humaine.

☞ En combinant **nos capacités créatives et analytiques** avec celles de l'IA, nous pourrons **repousser les limites de l'innovation**, tout en conservant **l'essence de notre imagination et de notre sens critique.**

✨ **L'avenir est entre nos mains… et celles de nos intelligences artificielles !** ☐☐

Conclusion du chapitre 6 : L'IA, un partenaire puissant pour le développement personnel

L'intelligence artificielle (IA) s'est imposée comme un **outil révolutionnaire** dans le domaine du **développement personnel**, transformant la manière dont nous **apprenons, gérons notre temps** ☐ et **stimulons notre créativité** 🎨. Ce chapitre a exploré comment l'IA peut **optimiser notre potentiel**, offrant des solutions adaptées à nos besoins individuels.

📖 L'IA au service de l'apprentissage

L'IA a **réinventé l'éducation** 🎓 en proposant des expériences **personnalisées et interactives**. Grâce aux :
✅ **Systèmes d'apprentissage adaptatif** 🧠 qui ajustent le contenu selon notre niveau et nos progrès.
✅ **Tuteurs virtuels** ☐ qui offrent un feedback instantané et un accompagnement sur mesure.
✅ **Recommandations intelligentes** ☐ qui nous dirigent vers les meilleures ressources adaptées à nos objectifs.

Ces outils rendent **l'apprentissage plus accessible, efficace et engageant**, nous permettant **d'acquérir de nouvelles compétences** à notre rythme et selon nos préférences.

☐☐ L'IA pour optimiser notre gestion du temps et nos habitudes

L'IA nous aide à **mieux structurer nos journées** et à développer des **habitudes positives** 🏆. Grâce aux :
✅ **Applications de productivité intelligentes** qui analysent nos schémas de travail et optimisent notre emploi du temps 📅.
✅ **Routines personnalisées** qui nous aident à rester disciplinés tout en maintenant un **équilibre entre vie pro et perso** ⚖️☐.

✅ **Gestion intelligente des interruptions** qui nous permet de nous concentrer sur l'essentiel en limitant les distractions ☐.

Grâce à ces outils, nous pouvons **travailler plus efficacement, éviter la procrastination** et **préserver notre bien-être mental** ❧.

🎨 L'IA, une source d'inspiration pour la créativité et l'innovation

L'IA **nourrit notre imagination** et nous aide à **résoudre des problèmes complexes**. En servant de **catalyseur d'idées**, elle nous permet de :

✅ **Générer des concepts innovants** grâce au brainstorming assisté ☐.

✅ **Explorer de nouvelles associations d'idées** inattendues ☐.

✅ **Optimiser nos prises de décisions** grâce à l'analyse de données et aux modèles prédictifs 📈.

Elle agit comme un **partenaire créatif**, nous poussant à **expérimenter** et à **repousser les limites de notre imagination** 🚀.

⚠️☐ Défis et considérations éthiques

Bien que l'IA offre des avantages considérables, **elle soulève aussi des questions importantes** :

🔐 **Confidentialité des données** : nos informations personnelles doivent être protégées.

☐ **Dépendance à la technologie** : l'IA doit rester un **outil**, et non un substitut à notre réflexion humaine.

☐ **Biais et transparence** : il est essentiel que les algorithmes d'IA soient équitables et explicables.

Il est crucial de **trouver un équilibre** entre **utilisation intelligente** de l'IA et **autonomie humaine**, afin d'exploiter son plein potentiel **sans perdre notre sens critique**.

☺ Un avenir prometteur pour le développement personnel assisté par l'IA

L'IA va **continuer à évoluer** pour mieux nous accompagner, avec des avancées telles que :

🚀 **Systèmes d'IA encore plus intuitifs** capables d'anticiper nos besoins.

🔲🔲 **Intégration avec la réalité augmentée et virtuelle** pour des expériences immersives.

✳ **Approches respectueuses de la vie privée et de l'éthique** pour un usage responsable.

Ces innovations nous permettront de **profiter des avantages de l'IA tout en restant maîtres de notre développement personnel.**

✴ L'IA, un allié puissant à exploiter intelligemment

L'intelligence artificielle peut devenir un partenaire utile dans le développement personnel, en accompagnant l'apprentissage, l'organisation du temps et certains processus créatifs. Elle ne remplace ni l'effort, ni la réflexion, ni la curiosité humaine, mais peut contribuer à les soutenir lorsqu'elle est utilisée avec discernement. L'enjeu n'est pas de déléguer, mais de mieux s'appuyer sur ces outils tout en restant acteur de ses choix.

Cependant, **elle doit être utilisée avec discernement** 🔍 :

✅ Comme un **outil d'optimisation** plutôt qu'un substitut à notre réflexion.

✅ En complément de **nos capacités humaines** 🔲, et non en remplacement.

✅ En respectant **notre autonomie et notre vie privée** 🔒.

🚀 **L'avenir du développement personnel s'annonce passionnant... avec l'IA comme alliée !** 🔲✦

Chapitre 7 : Mise en pratique – Adoptez l'IA dans votre quotidien

L'intelligence artificielle (**IA**) possède un **potentiel immense** pour **améliorer notre quotidien** et **accélérer notre développement personnel**. Mais **comment** l'intégrer efficacement dans nos habitudes ? Ce chapitre vous **guide pas à pas** dans l'application **concrète** des outils et concepts explorés tout au long de ce livre.

💡 **Comprendre l'IA, c'est bien. L'utiliser, c'est mieux !** C'est **dans l'action** que vous découvrirez **son véritable impact** sur votre productivité, votre créativité et votre apprentissage.

◆ Un programme pratique pour passer à l'action

Nous allons structurer **cette mise en pratique** autour de **trois axes essentiels** :

✓ **Un plan d'action sur 30 jours** 📅 : un programme progressif pour **intégrer l'IA étape par étape** dans votre vie.
✓ **Des astuces concrètes** 🎯 : pour rendre l'IA **fluide et naturelle** dans votre routine quotidienne.
✓ **Un suivi et des ajustements** ☐ : pour **maximiser les bénéfices** et adapter l'IA à vos besoins.

Que vous soyez **débutant(e) ou utilisateur(trice) avancé(e)**, vous trouverez ici des conseils pour faire de l'IA **un véritable levier** de votre développement personnel.

Plan d'action en 30 jours : Intégrez l'IA dans votre quotidien

L'adoption de l'**intelligence artificielle (IA)** peut sembler intimidante au départ, mais avec une **approche progressive**, elle devient un véritable atout pour **optimiser votre productivité**, **stimuler votre créativité** et **faciliter votre apprentissage**. Ce plan d'action **structuré sur 30 jours** vous permettra d'explorer **pas à pas** les outils d'IA et de les intégrer à votre routine quotidienne de manière fluide et efficace.

▦ Semaine 1 : Découverte et exploration des outils d'IA

L'objectif de cette première semaine est de **se familiariser avec l'IA**, comprendre ses **applications possibles** et choisir les outils les plus adaptés à **vos besoins** ▢.

📌 Jour 1-2 : Identifiez vos besoins

✅ Définissez **vos objectifs** : améliorer votre **productivité**, booster votre **créativité** ou optimiser votre **organisation** ?
✅ Listez **les domaines** où l'IA pourrait vous aider (ex. : **écriture, gestion du temps, apprentissage, automatisation**).

📌 Jour 3-4 : Recherchez et testez des outils IA

🔎 Explorez les **outils adaptés** à vos besoins :

- ▦ **Gestion du temps → Reclaim.ai, Motion**
- ✍▢ **Écriture et correction → Grammarly, ChatGPT**
- ▢ **Apprentissage personnalisé → Duolingo, Coursera AI**

- ✦ **Productivité et organisation** → **Notion AI, ClickUp**
- ✦ **Créativité images et vidéos** → **Midjourney, Kling AI**

Vous trouverez facilement des exemples de prompt et même des listes de prompts offertes sur youtube et sur internet. N'hésitez pas à poser de manière simple des questions à ChatGPT pour apprendre à créer des prompts pour vos images et vos vidéos. Je vous conseille de lui demander de les traduire en anglais, ils seront mieux compris par les IA spécialisées en images et en vidéos. (C'est ce que je fais tous les jours.)

☞ **Objectif** : Tester au moins **deux outils** par catégorie et noter vos impressions 📝.

✦ Jour 5-7 : Configuration et premiers usages

⚙□ Installez **vos outils préférés** sur **vos appareils** (ordinateur, smartphone).
📖 Consultez **les tutoriels** pour **apprendre leurs fonctionnalités clés**.
□□ **Exemple** : Connectez **Notion AI** à votre workflow ou **Grammarly** à votre navigateur □.

🗓 Semaine 2 : Gestion du temps et automatisation des tâches

L'IA peut **optimiser** votre emploi du temps et **réduire** les tâches chronophages. Cette semaine, nous allons explorer son **impact sur l'organisation** □.

✦ Jour 8-10 : Planification intelligente avec l'IA

🗓 Testez **Reclaim.ai** ou **Motion** pour organiser **votre emploi du temps** avec des **suggestions intelligentes**.

☐ **Défi** : Planifiez **votre semaine** en laissant l'IA proposer **les moments optimaux** pour chaque tâche ⚹.

📌 Jour 11-12 : Automatisez les tâches répétitives

☐ Configurez des **automatisations simples** avec **Zapier ou IFTTT.**
💡 **Exemple** :

- Ajoutez **automatiquement** un rendez-vous à votre calendrier 📅.
- Envoyez un **e-mail de rappel** lorsqu'une tâche importante est en retard 📧. (Vous pouvez maintenant facilement programmer ces taches avec la nouvelle fonction de ChatGPT qui vient de sortir et qui s'appelle justement « Taches »

📌 Jour 13-14 : Analyse et ajustements

📊 Consultez **vos rapports IA** pour voir **comment vous passez votre temps** (ex. **RescueTime**).
📈 **Optimisation** : Ajustez votre emploi du temps et identifiez **les sources de distraction** ⊘.

🔢 Semaine 3 : IA et productivité / apprentissage

L'IA peut vous **aider à écrire plus vite, apprendre plus efficacement** et vous **organiser plus intelligemment** 📚.

📌 Jour 15-16 : Boostez votre écriture avec l'IA

✍️☐ Utilisez **Grammarly ou ChatGPT** pour améliorer **vos textes** (e-mails, rapports, articles).

⚡ **Astuce** : Demandez à **ChatGPT** de **résumer** un document ou de **structurer** un article pour gagner du temps 📄.

📌 Jour 17-18 : Apprentissage personnalisé

📖 Testez **Coursera, Duolingo ou Khan Academy AI** pour explorer **l'apprentissage assisté par IA**.
🎯 **Défi** : Terminez **un cours en ligne** où l'IA **personnalise** votre progression 🎓.

📌 Jour 19-21 : Automatisez votre organisation

📌 Expérimentez **ClickUp ou Notion AI** pour structurer **vos projets et idées**.
🔗 **Défi** : Reliez **vos notes et tâches** en **un seul espace intelligent** pour un suivi fluide.

🏫 Semaine 4 : Créativité et suivi des progrès

L'IA peut **stimuler votre imagination** et **vous aider à résoudre des problèmes** en vous proposant **des idées inédites**.

📌 Jour 22-24 : Boostez votre créativité

🎨 Expérimentez avec **Midjourney ou Canva AI** pour générer **des images uniques** 🎭.
💡 **Exemple** : Demandez à Midjourney de **visualiser une idée abstraite** ou à Canva de **créer une présentation attrayante**.

📌 Jour 25-26 : IA et résolution de problèmes

☐ Faites appel à **ChatGPT** pour **brainstormer des solutions innovantes** 🚀.

💼 **Exemple** : Décrivez un **défi professionnel** et laissez **l'IA proposer des stratégies** pour le surmonter 📊.

📌 Jour 27 : Évaluez votre parcours IA

📊 Analysez vos **résultats et progrès** avec les outils testés.
☐ Posez-vous ces **questions** :

- Quels **outils IA** ont eu le plus **d'impact positif** ?
- Quels **ajustements** pouvez-vous faire pour améliorer votre routine ☐☐ ?

📌 Jour 28-29 : Ajustements et consolidation

☐ Testez **des alternatives** si un outil ne correspond pas complètement à vos attentes.
🎯 **Optimisation** : Conservez **uniquement** les solutions **les plus efficaces**.

📌 Jour 30 : Validez votre système IA

🏃 **Finalisez votre intégration de l'IA** avec un workflow optimisé.
🗓 **Plan d'action** : Mettez en place **une révision mensuelle** pour adapter vos outils selon **vos besoins évolutifs**.

🎯 Résultats après 30 jours d'IA

Si vous avez suivi ce plan, voici **les bénéfices** que vous devriez constater 🔥 :

✅ **Organisation optimisée** → Vous maîtrisez votre **emploi du temps avec intelligence** 🗓.

☑️ **Productivité accrue** → Moins de **perte de temps**, plus de **tâches accomplies efficacement** ☐.

☑️ **Apprentissage accéléré** → Vous progressez avec un **contenu adapté et dynamique** 📖.

☑️ **Créativité amplifiée** → Vous **générez plus d'idées** et expérimentez avec l'IA 🎨.

☑️ **Outils personnalisés** → Vous utilisez **les meilleures solutions IA** adaptées à votre style de vie 🎯.

Conclusion : Votre IA, votre rythme !

🎯 **L'IA ne doit pas être une contrainte, mais un levier d'amélioration**. En adoptant une **approche progressive**, vous pouvez **tirer parti de son potentiel** tout en conservant **votre propre style de vie**.

💡 **Astuce finale** : Continuez d'explorer ! L'IA évolue constamment. Intégrez **régulièrement de nouveaux outils et stratégies** pour rester à la pointe **de la productivité et de la créativité**. Et s'il y a des termes dans ce guide que vous ne comprenez pas, demandez à l'IA (par exemple ChatGPT) de vous les expliquer.

◆ **Prêt(e) à transformer votre quotidien avec l'IA ?** Laissez-la **vous assister, pas vous remplacer. C'est vous qui avez le contrôle !**

Astuces pour intégrer l'IA dans votre routine

L'intégration de l'**intelligence artificielle (IA)** dans votre quotidien peut sembler **complexe** au premier abord, mais avec **les bonnes stratégies**, elle devient un véritable **atout** pour **booster votre** productivité, **apprendre plus efficacement** et **optimiser votre bien-être**. Voici **8 astuces clés** pour **tirer parti de l'IA** de manière fluide et naturelle.

1□ Définissez des objectifs clairs 🎯

Avant d'adopter des outils d'IA, **posez-vous les bonnes questions ?** :

◆ **Que voulez-vous améliorer ?**
✓□ **Gagner du temps** en automatisant certaines tâches 🖩
✓□ **Apprendre plus rapidement** avec du contenu personnalisé 📖
✓□ **Réduire le stress** grâce à une meilleure gestion du temps □

📑□ Établissez une liste d'objectifs concrets

📝 Notez **3 à 5 objectifs précis** en utilisant la méthode **SMART** (**Spécifique, Mesurable, Atteignable, Réaliste, Temporellement défini**).

💡 **Exemple** :
◆ "Je veux automatiser la gestion de mes tâches récurrentes avec Notion AI d'ici 15 jours."
◆ "Je vais suivre un cours d'IA sur Coursera et terminer 80% du programme en un mois."

2□ Choisissez les bons outils 🎛

Une fois vos **objectifs définis**, sélectionnez **les outils IA adaptés** 🔍.

🕐 Gestion du temps et des tâches

🏹 **Reclaim.ai** → Optimisation automatique de votre emploi du temps.

✦ **Notion AI** → Organisation intelligente de vos notes et projets.
✦ **Todoist** → Priorisation de tâches avec des suggestions IA.

📚 Apprentissage & formation

📖 **Coursera AI** → Cours adaptés à votre niveau et rythme.
☐ **Duolingo** → Apprentissage des langues avec un programme IA personnalisé.

☐ Bien-être & santé

☐ **Headspace** → Méditation assistée par IA selon votre niveau de stress.
☐ **MyFitnessPal** → Analyse nutritionnelle et suivi des habitudes alimentaires.

🎨 Créativité & production de contenu

🎨 **Canva AI** → Création automatique de visuels et mises en page.
☐☐ **Midjourney, Flux, Playground, Stable image, Kling AI et bien d'autres** → Génération d'images uniques à partir de descriptions textuelles.

3☐ *Commencez petit et progressez* ☐☐

💡 **L'erreur la plus fréquente ?** Vouloir tout tester en même temps. **Adoptez une approche progressive :**

✓☐ **Sélectionnez 1 à 2 outils max** au départ.
✓☐ **Consacrez du temps à les maîtriser** 🕐 (exemple : 15 minutes/jour pendant une semaine).
✓☐ **Testez leurs fonctionnalités de base** avant d'explorer les options avancées.

□□ Exemple :
☞ Vous souhaitez mieux gérer vos tâches ? Commencez avec **Notion AI** pendant **une semaine**, puis ajoutez **Reclaim.ai** pour optimiser votre agenda.

4□ Intégrez l'IA dans votre routine quotidienne 📅

📅 **Fixez un moment précis** pour utiliser vos outils IA, afin qu'ils deviennent une **habitude naturelle**.

🕐 Exemples de routines IA

✓□ **Matin → Planifiez votre journée** avec **Reclaim.ai**.
✓□ **Midi → Apprenez une nouvelle compétence** sur **Coursera AI**.
✓□ **Soir → Révisez vos notes intelligemment** avec **Notion AI**.

☞ **Astuce :** Activez **des rappels automatiques** pour rester régulier et éviter l'oubli 🔔.

5□ Exploitez les fonctionnalités avancées 🚀

Une fois **les bases maîtrisées**, explorez **les options avancées** □ :

✓□ **Automatisez des tâches** répétitives avec **Zapier** ou **IFTTT** □.
✓□ **Connectez vos outils IA entre eux** (ex. : **Notion AI + Google Calendar** 📅).
✓□ **Utilisez des suggestions IA** pour accélérer l'écriture et la gestion des priorités.

💡 **Exemple :**
□ **Créer un flux automatisé** → Lorsqu'un e-mail arrive dans Gmail ✉, **Zapier** peut :
- **Créer une tâche** dans **Todoist** 📌

- **Ajouter un événement** dans **Google Agenda** 🗓
- **Notifier un collaborateur** sur **Slack** 🔔

6☐ Analysez vos progrès et ajustez votre approche 📊

📊 **Utilisez des outils IA pour suivre vos résultats et ajuster votre routine** :

✓☐ **RescueTime** → Analyse du temps passé sur chaque tâche.
✓☐ **Microsoft MyAnalytics** → Évaluation de votre productivité quotidienne.
✓☐ **Strides** → Suivi de vos habitudes et de votre discipline.

💡 **Astuce** : Faites **un bilan mensuel** 🗓 et **adaptez votre utilisation** en fonction des insights obtenus.

7☐ Apprenez des autres et partagez votre expérience ☐

☐ **Rejoignez des communautés IA** pour découvrir **de nouvelles astuces** et échanger avec des utilisateurs expérimentés.

📌 Où apprendre ?

✓☐ **Reddit** → r/artificial & r/productivity 🔊
✓☐ **Discord** → Groupes spécialisés en IA ☐
✓☐ **LinkedIn** → Suivez des experts en IA et des innovateurs 🚀

💡 **Participez aux discussions**, partagez vos **succès** et **difficultés** pour progresser plus vite 🎯.

8☐ Maintenez un équilibre sain avec la technologie 🧘☐

☐ **L'IA doit être un outil d'aide, pas une dépendance** ✗.

☞ **Fixez des limites** :

✓☐ **Évitez la surcharge** → Trop d'outils peuvent créer du stress.

✓☐ **Planifiez des moments déconnectés** → Pas d'IA après **20h** ☐.

✓☐ **Gardez du temps pour l'improvisation** → Laissez place à la créativité **hors IA** 🎨.

💡 **Astuce** : Intégrez **des pauses IA-Free** ☐ pour préserver votre **équilibre mental.**

🚀 Conclusion : Faites de l'IA un levier, pas une contrainte !

L'intégration de l'**IA** dans votre routine **doit être progressive et adaptée à vos besoins** ☞.

✓☐ **Commencez petit** → Un ou deux outils suffisent au départ 📌.

✓☐ **Testez et ajustez** → Mesurez l'impact et affinez votre approche 📊.

✓☐ **Apprenez en continu** → Partagez vos expériences et inspirez-vous des autres 🔊.

✓☐ **Restez maître de votre IA** → Utilisez-la comme un **assistant**, pas comme un **remplaçant** 🚀.

✓☐ **Inscrivez-vous dans des groupes autour de l'IA** → cela vous permettra d'avancer et de vous motiver plus rapidement 🚀.

☞ **Prêt à franchir le pas ?** Faites de l'IA **un allié puissant** pour transformer votre quotidien et **atteindre vos objectifs plus rapidement** 🔥💧 !

Suivi des progrès et ajustements avec l'IA

L'**intégration de l'intelligence artificielle (IA)** dans votre quotidien est un **processus évolutif**. Pour maximiser son impact sur votre **productivité**, votre **apprentissage** et votre **bien-être**, il est essentiel de **suivre vos progrès** et d'apporter des **ajustements stratégiques**.

Voici **les meilleures stratégies** pour **évaluer**, **ajuster** et **optimiser** l'utilisation de l'IA dans votre vie.

1□ Définir des indicateurs de suivi 📊

Avant d'évaluer l'efficacité de l'IA, il faut **établir des critères de mesure précis** ☉.

◆ **Exemples d'indicateurs selon vos objectifs :**

✅ **Productivité**
✦ Nombre de tâches accomplies chaque jour/semaine ▦
✦ Temps gagné grâce à l'automatisation □
✦ Réduction du temps passé sur des tâches répétitives □

✅ **Apprentissage**
✦ Nombre d'heures d'étude par semaine □
✦ Compétences acquises (ex. : certification en ligne) 📖
✦ Progression dans un cours ou une formation 🎓

✅ **Bien-être & équilibre**
✦ Niveau de stress mesuré avec une application □♂□
✦ Qualité du sommeil suivi par une IA ^{zzz}
✦ Nombre d'activités relaxantes intégrées ❦

✅ **Créativité**
✦ Nombre d'idées générées avec un outil IA □

📌 Projets créatifs réalisés 🎨
📌 Niveau de satisfaction dans les tâches créatives 🎭

💡 **Astuce** : Choisissez **3 à 5 indicateurs clés** pour éviter la surcharge d'analyse.

2⃣ Outils de suivi pour une analyse efficace 📱

L'IA peut vous aider **à suivre vos progrès** avec **des tableaux de bord intelligents 📊**.

◆ **📊 Notion / Google Sheets** → Création de tableaux de bord de suivi.
◆ **🗓 RescueTime** → Analyse du temps passé sur chaque activité.
◆ **🔲 Habitica / Streaks** → Suivi de vos habitudes et routines.
◆ **🔲♂🔲 Headspace / MyFitnessPal** → Évaluation de votre bien-être.
◆ **🔳 Day One** → Journal de réflexion pour mesurer votre évolution.

💡 **Astuce** : Programmez **un rappel hebdomadaire** pour mettre à jour vos indicateurs 🗓.

3⃣ Évaluer ses progrès régulièrement 📅

◆ **Revues hebdomadaires (15-30 min) 🔲🔲**
✓🔲 Analysez vos **métriques à court terme** 🔍
✓🔲 Notez **ce qui fonctionne** et les **difficultés rencontrées** 🖊🔲
✓🔲 Ajustez vos outils et méthodes si nécessaire ⚙🔲

◆ **Bilans mensuels 📅**
✓🔲 Comparez **vos performances du mois** 🔲
✓🔲 Repérez les **habitudes inefficaces** à modifier ✗
✓🔲 Fixez **de nouveaux objectifs** pour le mois suivant 🚀

◆ **Évaluations trimestrielles** 📊

✓☐ Analysez **vos progrès à long terme** 📈

✓☐ Redéfinissez vos objectifs en fonction de votre évolution 🎯

✓☐ Expérimentez **de nouveaux outils IA** si besoin ☐

💡 **Astuce** : **Bloquez du temps** chaque dimanche pour une **revue rapide de votre semaine.**

4☐ Identifier et surmonter les obstacles ⚠️☐

Lors de vos bilans, soyez attentif aux **freins potentiels** qui pourraient ralentir votre progression 🐌.

🔊 Obstacles courants et solutions

✗ **Résistance au changement** → Commencez par **un seul outil IA** et **augmentez progressivement.**

✗ **Trop d'outils = confusion** → Limitez-vous à **2 ou 3 outils principaux.**

✗ **Manque de formation** → Suivez **un tutoriel** gratuit ou **une mini-formation** gratuite en ligne 🎓 notamment sur Youtube.

✗ **Surcharge d'informations** → **Désactivez** les notifications inutiles ☐.

✗ **Problèmes de confidentialité** → Vérifiez **les paramètres de protection des données** 🔐.

💡 **Astuce** : Si un outil **ne vous apporte pas de réelle valeur ajoutée, remplacez-le ou supprimez-le** 🗑️.

5☐ Ajustements stratégiques pour maximiser l'impact 🚀

◆ **Affinez vos outils et workflows** ☐

✓☐ Testez de **nouvelles fonctionnalités IA** pour gagner en efficacité.

✓☐ **Automatisez davantage** avec Zapier / IFTTT ⚙☐.

✓☐ Connectez vos outils entre eux (ex. : **Notion + Google Calendar** 📅).

◆ Personnalisez votre expérience IA ☐☐

✓☐ Ajustez les **paramètres IA** pour qu'ils correspondent mieux à vos besoins.

✓☐ Expérimentez **différentes manières d'utiliser les outils**.

✓☐ **Créez des routines IA** adaptées à votre rythme de vie.

◆ Continuez à apprendre et à évoluer 📚

✓☐ Suivez des **formations sur l'IA** pour mieux exploiter vos outils 🎓.

✓☐ Rejoignez **des groupes ou forums IA** pour découvrir de nouvelles astuces.

✓☐ Intégrez **progressivement** des innovations dans votre routine.

💡 **Astuce** : **L'IA évolue**, soyez prêt à **adapter votre approche** en permanence ☐.

6☐ Célébrer ses succès 🎉

Ne négligez pas **l'importance de la motivation** et du **renforcement positif** 🚀.

◆ Comment rester motivé ?

✓☐ **Mettez en place un système de récompenses** 🎁 → Ex. : Une pause café ☕ après 3 jours de routine IA.

✓☐ **Partagez vos réussites** dans une communauté ou avec des proches ◀».

✓☐ **Appréciez vos progrès**, même s'ils sont petits 🏆.

💡 **Astuce** : Créez une **liste de victoires** 🏅 pour suivre tout ce que l'IA vous a permis d'améliorer 🚀.

7☐ Adapter son utilisation en continu ☐

🎯 **Rappelez-vous** : L'intégration de l'IA n'est pas figée, elle doit **évoluer avec vos besoins** 📈.

✓☐ **Tenez-vous informé** des nouvelles tendances IA 🖥.
✓☐ **Testez de nouvelles approches** pour optimiser votre routine 🚀.
✓☐ **Soyez flexible** et prêt à **ajuster** en fonction de vos résultats.

💡 **Astuce** : Faites de **l'expérimentation un jeu** 🎲 → Essayez **un nouvel outil chaque mois** et voyez s'il améliore votre quotidien !

🔥 Conclusion : Ajustez et optimisez votre IA pour une efficacité maximale

L'IA est un **levier puissant** 💡, mais **son efficacité dépend de votre approche** 🎯.

◆ **Définissez des indicateurs** pour mesurer l'impact 📊.
◆ **Suivez vos progrès** avec des outils adaptés 🖩.
◆ **Identifiez les freins** et ajustez votre utilisation IA ☐☐.
◆ **Personnalisez vos workflows** et automatisez au maximum ☐.
◆ **Célébrez vos réussites** et restez motivé 🎉.
◆ **Soyez flexible** et adaptez votre routine régulièrement ☐.

◀» **Rappelez-vous** : **L'IA est un assistant, pas un maître !** C'est **vous** qui contrôlez la technologie, pas l'inverse. Adaptez-la à vos besoins et non l'inverse 💡.

☞ **Prêt à ajuster et optimiser votre utilisation de l'IA ?** 🚀 **C'est le moment d'agir !**

Conclusion du chapitre 7 : L'IA, un levier puissant pour un quotidien plus efficace et épanouissant

L'**intégration de l'intelligence artificielle (IA)** dans votre routine quotidienne représente une **opportunité unique** d'améliorer votre **productivité**, stimuler votre **créativité** et renforcer votre **bien-être**. À travers ce chapitre, nous avons exploré **des stratégies concrètes** pour adopter l'IA et en faire un **véritable allié** dans votre développement personnel et professionnel.

📌 **Un chemin structuré vers l'adoption de l'IA**

✅ **Un plan d'action sur 30 jours** ▦ : une approche progressive pour **expérimenter, intégrer et optimiser** les outils IA adaptés à vos besoins.
✅ **Des astuces pratiques** ☐☐ : commencer petit, choisir les bons outils et personnaliser votre approche pour éviter la surcharge technologique.
✅ **Un suivi régulier** ▥ : mesurer votre progression, identifier ce qui fonctionne et ajuster votre stratégie pour **maximiser l'impact de l'IA** dans votre vie.

💡 **En adoptant une démarche progressive et réfléchie**, l'IA devient une aide précieuse **sans être une contrainte**.

⊙ Transformer l'IA en un atout durable

L'IA n'est pas une solution magique ✦, mais **un outil puissant** qui, bien utilisé, peut **vous libérer du temps**, améliorer votre **prise de décision** et booster votre **créativité**.

🔎 **Optimisation du temps** : L'IA permet de structurer et automatiser vos tâches répétitives.

🔎 **Apprentissage accéléré** : Les plateformes IA personnalisent votre expérience éducative pour une montée en compétences efficace.

🔎 **Créativité décuplée** : Des outils comme Midjourney ou ChatGPT stimulent l'innovation et facilitent l'idéation.

⚖☐ Trouver l'équilibre entre IA et intuition humaine

L'IA doit être **un assistant**, pas un **substitut**. Son rôle est de vous **soutenir, vous inspirer** et **vous aider à structurer votre quotidien**, sans pour autant prendre le dessus sur **votre intuition, vos décisions et votre créativité**.

✦ **Astuce clé** : Trouvez **le juste équilibre** entre **efficacité technologique** et **autonomie humaine** 💡.

🚀 Conclusion : De l'expérimentation à l'adoption durable

✸ **L'IA est un accélérateur de croissance personnelle et professionnelle**. En l'intégrant progressivement et de manière réfléchie, elle devient **un véritable levier d'efficacité** et un **catalyseur d'épanouissement**.

✓ **Expérimentez** 💡 : Testez différents outils IA et voyez ceux qui correspondent à vos besoins.

✓ **Personnalisez** ⊙ : Adaptez l'IA à votre routine pour qu'elle devienne un véritable atout.

✅ **Ajustez continuellement** ☐ : Mesurez vos progrès et affinez votre approche au fil du temps.

🔊 **L'avenir appartient à ceux qui savent allier technologie et humanité !** En trouvant **votre propre équilibre**, vous ferez de l'IA **un allié puissant** pour une vie **plus organisée, plus créative et plus épanouissante**.

☞ **Prêt à franchir le cap et à faire de l'IA une alliée du quotidien ? C'est à vous de jouer !**

Conclusion Générale : L'IA, un Partenaire pour une Vie Augmentée

L'intelligence artificielle fait désormais partie de nombreux usages du quotidien. Elle influence notre manière de nous organiser, de créer, d'apprendre et de prendre des décisions, ouvrant de nouvelles possibilités tout en soulevant des questions légitimes.

📌 Récapitulatif des Enseignements Clés

1☐ Une IA omniprésente dans notre quotidien

Que ce soit à travers **nos smartphones, nos assistants vocaux, nos applications de productivité ou nos plateformes de streaming**, l'IA est devenue **un compagnon invisible mais puissant**. Elle s'intègre progressivement à certaines de nos habitudes et peut faciliter l'organisation de nombreuses tâches du quotidien.

◆ Ce qu'il faut retenir :

✓ L'IA est **déjà intégrée dans notre vie** et continuera de se perfectionner.

✓ Son potentiel est **immense** et touche tous les domaines : travail, éducation, santé, loisirs…

✓ **L'adopter intelligemment** permet de l'utiliser comme un atout et non comme une contrainte.

2☐ Une intelligence au service de la personnalisation et de l'adaptation

L'IA ne se limite plus à répondre à des requêtes : elle peut analyser des interactions et ajuster certaines propositions en fonction des préférences exprimées.

◆ **Ce qu'il faut retenir :**

✅ Les outils IA proposent **des expériences sur mesure**, adaptées à nos rythmes et besoins.

✅ **Du contenu éducatif aux suggestions de films**, l'IA personnalise notre consommation d'informations.

✅ **Dans la santé, l'apprentissage et la productivité**, elle optimise nos performances en s'adaptant à notre profil.

3□ Un levier pour amplifier nos capacités humaines

Plutôt que de remplacer l'humain, l'IA peut agir comme un outil de soutien dans certaines activités :

- **Elle automatise les tâches répétitives**, libérant du temps pour des activités à plus forte valeur ajoutée.
- **Elle stimule la créativité**, en générant de nouvelles idées et en facilitant le brainstorming.
- **Elle aide à la résolution de problèmes complexes**, grâce à l'analyse prédictive et à la gestion des données.

◆ **Ce qu'il faut retenir :**

✅ L'IA **ne remplace pas l'intuition, l'émotion ou l'imagination humaine** : elle les renforce.

✅ **Son rôle est de nous soutenir, pas de nous diriger.**

✅ Son utilisation doit être **équilibrée**, pour ne pas devenir une béquille technologique.

4□ Un défi éthique et de confidentialité

Si l'IA nous simplifie la vie, **elle soulève aussi des questions majeures** sur la **vie privée, la sécurité des données et l'éthique** de son usage.

◆ **Ce qu'il faut retenir :**

✅ **Les données personnelles** constituent un élément central de nombreux services d'IA : une attention particulière doit être portée à leur utilisation !

✅ **Les biais algorithmiques existent** : il faut garder un regard critique sur les recommandations.

✅ Il est essentiel de favoriser **une IA transparente, respectueuse et éthique.**

5□ Une adoption progressive et réfléchie

Plutôt que de nous laisser submerger, nous devons **intégrer l'IA progressivement** et **de manière intentionnelle** dans notre quotidien.

Cette approche progressive rejoint l'esprit de ce guide : comprendre, expérimenter, ajuster, sans chercher à tout automatiser.

◆ **Ce qu'il faut retenir :**

✅ Commencez par **identifier vos besoins** avant de choisir les bons outils.

✅ Testez **quelques applications IA à la fois**, sans surcharge technologique.

✅ **Évaluez régulièrement** leur impact et ajustez leur usage en fonction de vos objectifs.

☌ Perspectives d'Avenir : Où Va l'IA ?

L'intelligence artificielle continuera à évoluer. Certaines orientations se dessinent déjà :

❧ **Des assistants IA encore plus intelligents** □ : plus intuitifs et intégrés à notre quotidien.

❧ **Un apprentissage totalement personnalisé** ❦ : des tuteurs IA capables d'adapter le contenu en temps réel.

❧ **Une santé prédictive et préventive** ⊕ : diagnostics anticipés, traitements sur mesure, suivi en temps réel.

❦ **Une IA plus responsable et transparente** ⚖☑ : des réglementations pour limiter les abus et garantir l'éthique.

❦ **Un équilibre homme-machine plus fin** ☐ : l'objectif sera de créer une **collaboration optimale**, et non une dépendance totale.

⚖☑ L'IA : Un Outil, Pas une Finalité

L'intelligence artificielle **est une chance**, mais elle ne doit pas nous priver de notre **capacité de réflexion, d'innovation et d'émotion**. L'avenir dépend de **notre capacité à l'intégrer intelligemment, sans nous laisser dépasser**.

🔊 **À retenir :**

✓ **L'IA est un formidable accélérateur**, mais ne doit pas devenir un substitut à notre intelligence naturelle.

✓ **Son impact dépend de la manière dont nous l'utilisons** : soyons **acteurs** de cette révolution, pas **spectateurs passifs**.

✓ L'IA **ne doit pas remplacer le lien humain**, mais **le renforcer** en nous libérant du temps pour des interactions plus authentiques.

Conclusion : Construire un Futur Humainement Augmenté

L'intelligence artificielle ne doit pas nous déshumaniser. Au contraire, elle peut nous aider à **vivre mieux, apprendre plus vite et travailler plus intelligemment** – à condition de **l'utiliser avec discernement et responsabilité**.

◆ **Notre rôle ?**

💡 **Éduquer** : mieux comprendre l'IA pour mieux l'apprivoiser.

☐ **Expérimenter** : tester et ajuster son utilisation pour qu'elle nous serve réellement.

☐ **Équilibrer** : profiter de ses avantages sans perdre notre intuition et notre indépendance.

L'IA ne doit pas être un but en soi, mais un levier pour construire un avenir où l'humain reste au cœur de la technologie. En l'adoptant avec sagesse, nous pouvons **réussir la transition vers une vie augmentée, plus efficace, plus créative et plus épanouissante.**

☐ L'intelligence artificielle ne doit pas être un but en soi, mais un levier parmi d'autres pour accompagner l'évolution de nos modes de vie. En la comprenant mieux et en l'utilisant avec discernement, chacun peut en faire un outil utile, au service de ses priorités, de son autonomie et du lien humain.🚀

Chère lectrice, Cher lecteur,

Merci de m'avoir fait confiance et d'avoir acheté ce livre.

(Si vous avez d'éventuelles réclamations, avant de mettre votre avis sur Amazon, envoyez-moi un mail ici : autoedition7@gmail.com, je vous répondrai avec plaisir.)

Réviser et publier ce livre a été une aventure intense, remplie de doutes, de nuits blanches et d'émotions. Mais le voir entre vos mains est une immense récompense. Vos retours sur Amazon sont essentiels pour faire découvrir mon travail à d'autres lecteurs et pour m'encourager à poursuivre cette aventure. Sachez que je prends le temps de lire chaque commentaire avec soin et reconnaissance. Alors, si vous avez apprécié votre lecture, prenez un moment pour partager vos impressions. Cliquez simplement maintenant sur ce lien

https://www.amazon.fr/review/create-review?&asin=B0DVT8F4KX

OU scannez ce QR Code

Cela compte énormément pour moi. Merci infiniment pour votre soutien !

RETROUVEZ NOS AUTRES OUVRAGES POUR VOTRE BIEN-ÊTRE DANS NOTRE BIBLIOTHÈQUE

Cliquez simplement sur ce lien :
https://livresenclic.com/developpement-personnel

ou scannez ce QRCODE

À PROPOS DE L'AUTEUR

Grand dévoreur de livres depuis ma plus tendre enfance, et guidé par des tantes et marraines professeures d'histoire et de littérature, j'ai voulu mettre à profit ma retraite et mes connaissances pour écrire ce guide, destiné à aider les personnes à découvrir et adopter l'intelligence artificielle dans leur vie quotidienne, pour ne pas rester au bord de la route de cette révolution.

Ma compagne Michèle, co-inspiratrice de ce livre, m'a également accompagné et soutenu tout au long de cette rédaction.